恐怖箱

厭福

つくね乱蔵

JN042920

竹書房
怪談
文庫

※本書に登場する人物名は、様々な事情を考慮してすべて仮名にしてあります。また、作中に登場する体験者の記憶と体験当時の世相を鑑み、極力当時の様相を再現するよう心がけています。現代においては若干耳慣れない言葉・表記が登場する場合がありますが、これらは差別・侮蔑を意図する考えに基づくものではありません。

比叡おろしに乗せて

御存じの方も多かろうが、私は滋賀県で暮らしている。

滋賀県だからと言って、家のすぐ前が琵琶湖というわけではない。

十五キロほど先だ。個人的には夏よりも冬の琵琶湖が良い。

観光客が少ない分、人目を気にせずゆったりと過ごせるからだ。

自転車で湖岸を進み、気に入った場所で弁当を使う。湖の向こうに比叡山が見える。

滋賀県西部と京都市北東部にまたがる比叡山は、天台宗の総本山でもある。

滋賀県に台風被害が少ないのは、この比叡山に護られているからだとか。

冬になると、北西の風が比叡山の急斜面を雪崩のように吹き降りてくる。

いわゆる比叡おろしと呼ばれる強風だ。

この比叡おろしに乗って、山に溜まっている無数の霊体が降りてくるのだという。

降りてきた霊体は一直線に琵琶湖を渡り、我が家の庭先に集合し、私のパソコンを覗いているのかもしれない。

今年、我ながら呆れるほど多くの怪談を書いた。夏頃からは毎日毎日書き続け、それでも足りなくて睡眠時間を削り、一時期体調を崩してしまったぐらいだ。

正に取り憑かれたように書いていた。還暦過ぎの爺様がやることではない。

睡眠不足に加え、座りっぱなしでパソコンと向かい合う状態から来る肩こり、眼精疲労、足の浮腫《むく》み等々、身体が悲鳴を上げた。

悲鳴どころか、絶叫したと言ってもいい。削ったのは睡眠ではなく、寿命だった。

比叡おろしに乗ってきた霊体達もさぞかし呆れていたに違いない。

そうまでして書く必要があるのかと問われると、あると即答する。

今しか書けない。需要があろうがなかろうが、書けるときに書いておかないと、この先どうなるか分からないのだ。

コロナ禍は先を見えなくさせた。明日も生きている保障など、何処にもない。

ところがお預かりした話は、まだまだ残っている。私を信じて、託してくださった話を昇華できないまま死ぬわけにはいかない。

その結果、寿命を削るのだから、何をやっているか分からなくなってくるのだが。


とりあえず今回も形にできた。

身を削った分、楽しんでもらえる自信はある。

読み終えた後、読者の体調がどうなるか。そこまでは分からない。
もしかしたら、一気に読まないほうが良いのかもしれないが——。
そこのところはお任せします。
それではどうぞ。

著者

目次

ゆらゆらと

浜口さんは祖父の家が好きだった。祖父の名は哲二、浜口さんは哲じいちゃんと呼んで懐いていた。

祖父の先祖は庄屋である。先祖代々受け継いできた家は、十を超える部屋と三つの蔵を持つ豪邸であった。

幼い少年を探検家にする最高の場所だ。浜口さんは、週末になると必ず祖父の家に行き、一日中楽しんだという。

祖父は、浜口さんが何をしようと笑って許してくれた。

連れ合いを亡くしてから一人暮らしを続けていた祖父にとっても、これ以上はない幸せな時間だったのだろう。

ただし、一箇所だけ絶対に入ってはいけない場所があった。三番蔵だ。古びた農機具が山積みになっており、危険だからという理由だった。

農機具がどのような物か分からなかったが、危険を冒してまで見たいとは思わない。浜口さんは素直に言いつけを守った。

夏休みに入り、浜口探検隊は長期の調査を開始した。期間は一週間。浜口さんにとって、夢のような時間の開始である。

祖父に連れられ、近くの川で魚を釣ったり、鶏が玉子を産む瞬間を見たり、庭に設えた巣箱に来る小鳥達を観察したり、実に少年らしい夏が過ぎていった。

余すところ二日。祖父は、昼までには帰るといって出かけていった。村で共同作業があるらしい。

さて、今日は何処を探検するか。残り少ない日を無駄にはできない。川や山に一人で行くのは禁じられている。浜口さんにも、その気はない。

家の中はあらかた調査が済んでいる。考えあぐねて座っていると、家の静けさが妙に深々と迫ってきた。

時折、聞こえてくるカラスや小鳥の声が更に静けさを強調する。浜口さんは、とりあえず縁側に出た。

暖かい陽の光を浴びながら、ぼんやりと辺りを見渡す。向日葵《ひまわり》とマリーゴールドが黄色を競い合っている。高く低く飛ぶツバメを目で追っていると、三番蔵が見えた。

入ってみようかな。

日頃の探検の成果で、鍵が置いてある場所は分かっている。

一、二、三と書かれた木札に付いている鍵がそれだろう。
必要なのは、実行する勇気だけだ。当然、それはたっぷりとある。

浜口さんは、念の為に懐中電灯を携え、三番蔵に向かった。古びた錠に鍵を差し込む。重そうに見えた扉は意外と滑らかに開き、浜口さんは難なく中に入れた。

「え？」

思わず声が漏れる。蔵の中は何もなかった。山積みになっている農機具など全く見当たらない。

予想外のつまらない結果に失望し、蔵を出ようとした瞬間、頭の上で何かの気配を感じた。

浜口さんは懐中電灯を点け、天井を照らしてみた。剥き出しになった梁《はり》からぶら下がる縄が見えた。

縄は上で結ばれ、輪になっている。見ていると、縄がゆっくりと動き始めた。ゆらりゆらりと大きく揺れる。

サーカスの空中ブランコみたいだ。あれに乗れたら楽しいだろうな。

でも輪っかが小さいから乗れないか。

何とかして乗りたいな。

ああ、そうか。首を入れたらいいんじゃないかな。

あの輪っかに首を入れて、ゆらゆらと揺れるんだ。

浜口さんは、そのことしか考えられなくなった。一刻も早く輪の中に首を入れたい。

だが、縄は子供の手が届かない位置にある。何か良い方法はないか、浜口さんは必死で考えた。

そうだ、脚立を使えば届くかも。

浜口さんは急いで家に戻った。自分が首で揺れるところを想像すると、嬉しくて泣きそうになる。

散々探し回り、ようやく物置で脚立を見つけた。二メートルを超す大きな脚立だ。その長さと重さは、子供の手に余った。

それでも浜口さんは諦めず、脚立を引きずっていった。

ようやく蔵に着き、大汗をかいて脚立を中に運び入れ、慎重に位置を定め、脚立に上がる。頑張った甲斐があった。縄はすぐ目の前にある。

まずは触ってみた。滑らかな手触りだ。細いが絶対に切れそうもない。登山か何かに使うロープかもしれない。

さあ、いよいよだ。

輪っかに首を入れた瞬間、蔵の入り口から怒鳴り声が聞こえた。

「何をしとる！」

膝が痛む為、普段はゆっくりとしか歩けない祖父が駆け寄ってきた。

「縄を見るな。下だけ見て降りるんだ」

祖父は浜口さんを見つめ、強い口調で言った。言われるまま、浜口さんは脚立を降りた。

「蔵から出ろ。振り向くな」

祖父に背中を押され、浜口さんは小走りに蔵を出た。夏の日差しを浴びた途端、浜口さんは自分が自殺寸前だったことに気付いた。

恐ろしさの余り、身体が震えてくる。涙が止まらない。泣きじゃくる浜口さんを祖父は優しく抱きしめてくれた。

「すまなかった。ちゃんと理由を言っておけば良かった」

浜口さんが落ち着くのを見計らって、祖父は頭を下げて詫びた。

その昔、業病に罹《かか》った女性を三番蔵で隔離したらしい。病状は一進一退だったが、将来に絶望した女性は自らの命を絶った。

筋肉が弱っていたせいか、身体の重さに首が耐え切れず、千切れてしまった。

発見されたとき、蔵の中は凄まじい有様だった。何故だか首は、笑顔を浮かべていたそうだ。蔵は消毒されたのだが、縄は放置された。

切ろうとする度、ゆらゆらと揺れて避けるのである。

その後、あの縄を使って首を吊る者が続出した。全員が申し合わせたように笑顔のままだった。


祖父は、浜口さんを怖がらせたくなくて黙っていたのだという。

あれから二十年が過ぎた。祖父の家は浜口さんの父親が受け継いでいる。

何故か祖父は首を吊って死んだ。残された日記によると、祖父は三番蔵の縄を外そうとしていた。

見張りを立たせておけば上手くいくと考えていたようだ。

見張り役に任命された男は、目の前で祖父が首を吊るのをぼんやりと見ていたという。

痛い絵

その日、久保田さんは平井さんの家に向かっていた。

久保田さんと平井さんは、同期の社員だった。一昨年、久保田さんが社内恋愛の末に寿退社した後も連絡を取り合い、時々は一緒に遊んでいた。

自宅を訪ねるのは二度目になる。前回と違い、御主人は出張中とのことで、今夜は泊まっても構わないらしい。普段なら、下戸な御主人に遠慮して酒は買わないのだが、今夜は特級の日本酒も用意したという。

玄関の扉を開けた途端、平井さんは笑顔で言った。

「いらっしゃい。さ、飲もうか」

「せめて昼ご飯まで待ってよ」

二人で顔を見合わせ、弾けるように笑った。

相変わらず塵《ちり》一つない玄関である。廊下も綺麗にワックスがけしてある。そういえば、会社にいた頃も平井さんの机は余計な物が一切なかった。

久保田さんも綺麗好きだった為、まずはそこから話が合ったのだ。

雑誌の特集に掲載されそうなぐらい整った居間に通され、互いの状況を報告し合う。

久保田さんは立案した企画が採用され、チームリーダーとして頑張っていることを話した。

平井さんは、料理の腕を磨く為に教室に通い出したことを打ち明けた。

今日はその腕前の披露を兼ねているという。

「本日担当するシェフは、あたしになります」

「よろしくお願いするわ、シェフ」

軽やかに笑いながら平井さんはキッチンに向かった。久保田さんはソファーに背中を預け、居間を見渡した。

初めて来たときも感じたが、平井さんのセンスの良さが隅々まで行き届いた空間だ。

あのときは、座っているだけでストレスが軽減されたのを覚えている。

ところが、今回は何か妙な違和感を覚える。探すまでもなく、その原因が分かった。サイドボードに置かれた絵だ。以前にはなかったはずだ。

はがき程度の大きさの風景画である。名前は知らないが、有名な画家の作品に間違いない。絵そのものに妙な点はない。教科書で見かけるような美しいものだ。では何がおかしいのか。久保田さんはじっくりと絵を見つめた。

見ていると、何だかどんどん不安になってくる。私生活で抱えている不安と、仕事上での不安が一つになって膨れ上がっていく。

あの企画、本当に大丈夫だろうか。リーダーなんてやれるのだろうか。っていうか、あいつらちゃんと動くのかよ。

くそ、胃が痛い。これ、ストレスなんかな。マジで癌とかだったらどうしよう。癌かな。癌かもしれないな。怖い怖い怖い怖い怖い。

「お待たせー、まずは前菜からどうぞ」

堂々巡りしていた思考が断ち切られた。平井さんが来なかったら叫び出していたかもしれない。

疲れているせいだと自分に言い聞かせ、久保田さんは箸に手を伸ばした。

「ちょっと早いけど飲んじゃう？」

当然、二つ返事である。先程の妙な不安も酒を飲んで、楽しく話せば解消するに違いない。

平井さんが運んできた冷たいグラスには、既に日本酒が注がれていた。かなりレアな高級酒だ。逸る気持ちを抑え、そっと口に含む。途端に吐きそうになった。

「何これ。腐ってるじゃん！」

そんなはずはない。いつも使っている店で、自慢の逸品を出してもらったのだ。再度、口に含もうとした手を平井さんが止めた。

見たことのない険しい顔つきになっている。

平井さんはその顔のままで、小声で話し始めた。


日本酒がこうなった原因は、そこの絵なのよ。ああ、分かってる。変なこと言い出したと自分でも思うわ。でも聞いて。

あの絵、主人の実家から贈られたものなの。ほらよく見て、スタンドの下に結婚記念日とイニシャルが刻んであるでしょ。

あんなダサいの、あたしなら絶対選ばないけど、主人は喜んじゃってね。

でね、あなた、あの絵見てて何か変な気持ちにならなかった？　なったでしょ。抱えてるストレスとか腹が立つこととか、ぶわーって大きくなってきたでしょ。

私もそうなのよ。主人もそう。見る度に、自分でも気付かなかったストレスが湧いてくる。

だから最近、主人とは喧嘩ばかりしてるの。あの絵、処分したいんだけど、それもできない。

飾ったときは平気だったのに、今はダメ。少しでも動かそうとすると頭が割れるように痛くなって、鼻血が止まらなくなる。

この日本酒飲んで確信した。ほら、日本酒って霊的なものに反応するって言うじゃない？あたし、あれは実家の誰かが贈ってきた呪いだと思う。あたしが憎くてたまらないんでしょうね。夫婦仲を悪くして、離婚させようとしてるのよ。

俄《にわ》かには信じられない話だ。黙り込む久保田さんの前で、平井さんはスマートフォンを取り出して絵に向かった。

直接見ないように注意しながら、絵を撮影する。何枚か連続で撮影し、その画像を久保田さんに見せてくれた。

歪んだり、真っ黒になったり、どれ一つとしてまともに写ったものがない。

「ここまで話した上でお願いするんだけど、あれを一度持ってみてくれないかしら。主人の親戚に会ったことがない人なら、持てるんじゃないかなって」

怖くてたまらないが、友人のたっての頼みである。久保田さんは恐る恐る近づき、指先で触れてみた。

その一瞬だけで、こめかみがズキズキと痛み始めた。背後にいた平井さんが引き離してくれなかったら、その場で座り込んでいただろう。

「ごめんね、駄目みたいだね。じゃあこのままにしとくしかないか」

その夜は、部屋を変えて無理矢理盛り上がったという。

翌朝、笑顔で見送る平井さんに、処理できる方法を探してみると約束し、久保田さんは家を出た。

残念ながら、その約束は果たせなかった。

三週間後、平井さんは緊急搬送され、帰らぬ人となったのである。

葬儀会場に駆け付けると、御主人に声を掛けられた。あなた宛の手紙を預かっているという。

トイレに入り、そっと広げてみた。釘で引っ掻いたような字だ。

震える指で、必死に書いたのだろう。たった一言だけ。

かかわらないで
そう記されてあった。

葬儀会場に戻り、久保田さんは平井さんの棺に近づいた。

合掌しつつ、中を見る。思わず後退りしてしまった。平井さんの頭のすぐ横に、あの絵が置かれてある。

「あの、この絵は」

「ああ、これ。妻が大好きだった絵なんでね」

「でもこれは」

言いかけて久保田さんは気付いた。この絵をここまで運べた人がいる。つまりそれは、この絵を贈った人ではないか。

「これ、どなたが入れたんですか」

「僕のお母さんだけど。それが何か」

全てを話そうとした瞬間、背後に人の気配がした。

「ありがとうございます。お友達の方かしら」

「お母さん、こちら久保田さん。会社の同僚だった人だよ」

久保田さんが振り向くと、そこには穏やかな表情を浮かべる女性がいた。

かかわらないで

文字が頭に浮かぶ。久保田さんは曖昧に会釈し、その場を離れようとした。

「久保田さん、よろしかったらあなたにも、この絵を差し上げましょうか」
優しそうな微笑みだが、目が笑っていない。
久保田さんは無言で首を振り、葬儀会場から逃げた。
絵は平井さんとともに灰になってしまった。
有名な絵だった為、意外と頻繁に目にする。
その度、久保田さんは平井さんの笑顔を思い出し、泣きそうになるという。

マネキン少女

加納さんは、今年で二十年目の警備員だ。

今現在の勤務先は、とあるショッピングモールである。出入り管理と巡回、それと開閉店作業が主な仕事だ。

このショッピングモールは屋外型であり、テナントはそれぞれ個別に店を構えている。いわば、巨大な商店街のようなものだ。

深夜は各店舗の施錠確認を行いつつ、細密巡回を実施する。各店舗は個別に防犯センサーが設置してあり、本来なら生身の人間が確認する必要はない。犯罪を未然に防ぐ意味があるのは確かだが、どうしても気が緩んでしまう。深夜の散歩みたいなものだと、加納さんは常日頃自嘲していた。

その夜、工事業者のミスで火災感知器が作動してしまい、事態の収束にかなり掛かってしまった。

巡回も一時間遅れて出発である。仮眠者との交代時間を考えると、いつものように深夜の散歩を楽しんでいる暇は無さそうだ。

加納さんは、普段使わない通路に向かった。西棟にあるC倉庫は、表裏両方に扉がある。そこを通ってバックヤードに抜ければ、従業員用出入り口まで行かなくて済む。

何となく図面を見ていて発見した経路だ。以前から試してみたかったのだが、丁度いい機会だった。

C倉庫と書かれたドアを開け、中に入る。人感の自動照明が点灯し、内部を照らした。

大した物は置いてない。普段は必要とされない備品が、雑然と置かれている。左奥にあるマネキンが目を惹く。

何処にでもあるようなマネキンだ。外見から察するに、十四、五歳ぐらいの少女に思える。首は外され、床に転がっている。目や唇は描かれておらず、髪の毛もない。ツルンとした白いラグビーボールのようなものだ。長く放置されているらしく、埃塗《まみ》れである。額に何か貼ってある。近づいてよく見ると、それはお札であった。日本語なのだろうが、何が書いてあるのか見当も付かない。

そっと指先で摘まみ、お札の裏側を見ようと試みる。少し持ち上げただけなのに、お札はあっさり剥がれてしまった。

その瞬間、加納さんは気付いた。この首は、一刻も早く本体に戻さねばならない。

できる限り丁寧に、加納さんは首を本体に近づけた。磁石が入っているらしく、ピタリと貼り付く。

「これで良いかな」

何を言っているのだ、俺は。

自分自身に驚きながら、加納さんはマネキンから手を放そうとした。

「他にしてほしいことがあったら、何でも言ってね」

だから何を言っているのだ。

自らの頬を叩き、加納さんはマネキンから離れた。

倉庫を出て、扉を施錠し、巡回を続ける。防災センターに戻り、当務を引き継いで仮眠に入った。

出勤してきた同僚に勤務を引き継ぎ、加納さんは自分の車に乗り込んで時間を潰した。

ショッピングモールの開店と同時に、店に向かった。買う物は決まっている。不思議そうな顔で見つめる店員は無視し、目当ての服を購入した。

翌日、いつもより早く出勤し、加納さんは逸る気持ちを抑えて時が過ぎるのを待った。

ようやく細密巡回の時間である。昨日買ったばかりの服を制服の下に隠して、加納さんは小走りにC倉庫へ向かった。

鍵を開け、弾む息でマネキンの少女に挨拶する。

「ごめんね、待たせちゃって」

昨日のラグビーボールとは違い、今夜はちゃんと顔がある。今までの人生で見たこともない美しい少女だ。

少女は嬉しそうに笑った。幸い、購入した服も気に入ってくれたようだ。

加納さんは、巡回の時間中ずっと少女との会話を楽しみ、防災センターに戻った。

その日から二週間程掛けて、加納さんは少しずつマネキンの少女を運び出し、自宅へ持ち帰った。

盗んだという意識はない。牢獄から助け出したのだと加納さんは言った。

少女には名前が付けられた。雪絵という。白い肌に似合う名前とのことだ。

一度、実物を見せてほしいと頼むと、加納さんは嬉しそうに了承してくれた。

当日、加納さんの自宅に到着し、呼び鈴を押そうとしている私に、近所の人らしき女性が話しかけてきた。

「加納さんのお知り合いですか」

「そうですが何か」

女性は、好奇心を満たしたいだけであった。

「加納さん、少し前から綺麗な女の子と暮らしてるんだけど、あれって娘さんなの？」

そこまでは知りませんと答えると、女性は残念そうに立ち去った。

結局、その日私は加納さんに会えなかった。その女の子が、私には会いたくないと拗《す》ねたそうだ。

その後、様子を訊く為に会ったとき、加納さんは職を変えていた。

キツいが稼げる仕事らしい。これが欲しいんだと見せてもらったのは、精巧に作られた少女の人形である。実はそれが二体目だという。

「人形だから、動き回るとどうしてもヒビが入ってきてね。そういうのを気にしなくて良い丈夫な身体があればいいいんだが」

そう言っていた。


先月、久しぶりに加納さんから連絡が来た。

こんなことが書いてあった。

『十二歳くらいの女の子を養子にしたいのだが、上手くいかない。なるべく丈夫な子がいい。何かそういう伝手を持っていないか』

丁寧にお断りした。それ以来、会っていない。

二十六番

吉田さんは、とあるスーパーに警備員として勤務している。

これといった大きな事故や事件とは無縁の、穏やかな職場だ。

とはいえ、やはり週末や祝日となると、平穏無事とはいかない。

万引き、不審者などの防犯事案は勿論、駐車場の順番を巡ってクレームが発生するときもある。

その中でも、吉田さんが最も苦手とするのは救護者対応だった。

通路で滑って頭を打った、急に気分が悪くなった、子供が嘔吐《おうと》した等が主だ。

その度、現場に急行し、状況を聴取、状態次第では救護室を案内し、救急車の手配も行う。

それだけではない。報告書の作成と本部への報告も待っている。報告書は後々のクレーム対応の参考資料になる為、現場写真も添付する必要がある。全て終えるまでかなりの時間が掛かる。

嘔吐するまで子供を連れまわすなと思うが、口に出す訳にはいかない。黙々と業務を遂行するしかなかった。

七月最初の日曜日、昼の休憩を終えて巡回に出た途端、負傷者発生の通報が入った。小さく舌打ちしながら、吉田さんは現場に急いだ。施設には貸し出し用のベビーカーがある。そこから子供が落ち、額を打ったらしい。

現場はすぐに分かった。子供が大泣きしていたからだ。むしろ泣いているほうがありがたい。とりあえず、意識はあるからだ。

座り込んで泣いているのが落ちた子だろう。三歳ぐらいの男の子だ。額から出血している。

「どうなさいました、大丈夫ですか」

できる限り落ち着いた声で優しく問いかける。最初の接触が大切なのは、長年の経験で分かっていた。

僅かでも面倒くさそうな顔や声だと、保護者は途端に食ってかかってくる。若い母親が泣きそうな顔で状況を説明し始めた。

落ちた男の子は、ベビーカーの座面に立っていたらしい。重心が後ろに置かれていた為、安心して押していたところ、突然前のめりに落ちたとのことだ。

額からの出血はなかなか止まらないのが常である。吉田さんは、早手回しに救護室の使用許可を得た。

頭部打撲の場合、できる限り受診を勧めるようにしている。心配で言っているのではない。後々の面倒を最小にする為である。

救護室に案内した親子を防災センターに委ね、吉田さんはカメラを持って現場に戻った。突然落ちたとなれば、床面に何か支障があるのかもしれない。角度を変えて何枚か撮影した後、ベビーカーそのものも撮った。

ハンドル部に、ナンバーを記入したプレートが取り付けてある。その数字が上手く入るように撮影した。

二十六番。吉田さんは、その数字に見覚えがあった。先々週にも同じような転落事故があった。そのときに撮影したベビーカーも二十六番だった気がする。

その日の深夜、吉田さんは仮眠を交代してから報告書の束を捲っていった。

自分が配属されたのは三カ月前。とりあえず、そこまで遡って調べていく。ベビーカーの転落事故は、三カ月の間に七回起きていた。

七件には共通点がある。土曜、日曜、祝日のいずれかだ。平日には一件も発生していない。

七件とも突然前のめりに落ちたと記されている。それともう一つ。事故を起こしたベビーカーは、全て二十六番であった。

その後も、吉田さんは時間があれば記録を調べていった。倉庫には三年分の資料が段ボール箱で保存されてある。調べ終わるまでに二週間を要した。結構な数の転落事故が起きていたが、その全てが同じ状況であった。

そこまで起きていながら、一向にベビーカーの交換や改善が実施されなかったのは、明らかに店側の怠慢だ。

穏やかな職場と言えば聞こえはいいが、要するにいい加減な職場なのだ。

皆、そのことに気付いていながら、何もしない。自分が担当する持ち場が無事に済めばそれでいい。

それは吉田さんも同じである。

全て同じベビーカーで事故が起きているからには、物自体に欠陥があるはずだ。少し調べれば分かると思う。

だが、それを進言したところで、恐らく上は動かない。倉庫に片付けておくぐらいだろう。

巡らせた思案の終点が見えた。吉田さんは、何もなかったことにした。

ただし、欠陥の原因だけは知っておきたい。それは単なる好奇心であった。

一応、自分なりの考えはある。報告書を調べているうちに辿り着いた結論だ。

二十六番が、最初に起こした事故にヒントがあった。それは今から二年前に起きた事故だ。

ベビーカーから落ちた子が深い昏睡状態に陥り、救急搬送されたとある。そのベビーカーが二十六番だった。

そこから先、どうなったかまでは報告書に記されていない。

吉田さんは、職場で最も古株の河合さんにダメ元で訊いてみた。河合さんは、あっさりと教えてくれた。

自分が関わった事故らしく、後から色々と状況を聴取されたそうだ。

それによると、搬送された子は昏睡から目覚めることなく亡くなったらしい。ところが、表沙汰にはならなかった。

かなりの金額が動いたようだ。

「それ以来、あれは話題にしちゃならんことになってる。廃棄すればいいようなもんだが、固定資産だから処分するのも面倒な手続きがいる。何より、この店は使えるものを倉庫にしまったりしないからな」

あんたも余り関心持たないほうがいいと言い残し、河合は巡回に出かけた。

館内に用意されているベビーカーは三十五台。平日は、十五、六台出れば良いほうだ。土日祝日は、殆《ほとん》ど全てが貸し出されるときもある。

二十六番が使われてしまう確率も上がる訳だ。

だが、それならばもっと事故が起きてもいいはずだ。落ちる子と、そうでない子の違いは何か。

思いを巡らせながら、吉田さんは巡回業務に出発した。途中、ベビーカー置き場で立ち止まり、じっと二十六番を見つめていると、清掃作業の女性が話しかけてきた。

「二十六番だろ。あれ、供養してあげれば良いのにね。可哀想に」

「供養って。何か憑いてたりするんですか」

「亡くなった子が座ってるんだって。私は見たことないけど、そういうのが見える人がいてさ。親が迎えに来るのを待ってるそうだよ」

その人が言うには、自分のベビーカーに座られるのが嫌だから突き落とすのだという。きちんとベルトをしている子はどうにもできない。けれど、立っている子なら簡単に突き落とせる。

あんたもあんまり触らないほうがいいよ。そう言って女性は仕事に戻っていった。

その後、時間を作って吉田さんは実験をしてみた。

持参した赤ちゃんの人形をそっと置いてみる。数秒後、人形はかなりの勢いで弾き飛ばされた。

とても優秀な人

萩原さんが隊長を務める現場に、新人が派遣されてきた。

松岡という五十代の男性だ。警備員としてのキャリアは三十年と長く、即戦力になるとの触れ込みだった。

履歴書を見ても完璧な人材である。警備員指導教育責任者を始めとして、資格も豊富に持っている。

パソコン関連にも詳しく、柔道は二段の腕前。警備してきた現場は、一流企業、大型ショッピングセンター、総合病院、寺院など。

即戦力と言いたくなるのも無理はない。

ただ一つ、萩原さん個人として気になる点があった。幾つもの警備会社を渡り歩いているのだ。

それほど優秀な警備員ならば、会社が手放すはずがない。性格的に何か問題があるのだろうと、萩原さんは予想した。

実地研修当日、現れた松岡を見て、自分の不安が杞憂《きゆう》に過ぎなかったことが分かった。

その後、五回の実地訓練を経て、萩原さんは優秀な人材を得たことを確信した。

まずは笑顔が爽やかだ。見ていて気持ちが良い。若い隊員相手にも敬語を使うが、決して嫌味に聞こえない。

幾つもの現場を渡り歩いてきた猛者《もさ》でありながら、それをおくびにも出さない。

教えられたことは、その場でメモを取り、不明な点は解決しておく。当務の相方には笑顔で接し、仕事や他人の悪口を言わない。

実に理想的な警備員であった。

そうなると、何故幾つもの警備会社を渡り歩いたかという点がいよいよ気になってきた。

不安要素を取り除いておくのが萩原さんのやり方だ。思い切って当人に直接、訊いてみた。

直後、訊いたことを悔やむ答えが返ってきた。

奥さんが病の床に伏せっているのが理由であった。しかも、難病指定の類らしい。

症状が悪化する度、病院に駆け付ける。そうなると、他の隊員に迷惑を掛けてしまう。
一、二度ぐらいなら快く許してくれるが、四度、五度と続くとそうもいかない。
一人でできる仕事を探そうにも、現状では警備員以外の求職が少ない。

資格や経験を活かせば、すぐに次の職場が見つかる。そこでまた同じ経過で辞め、また次の職場。

それを繰り返した結果だった。

萩原さんは、何も言えなくなった。

確かに、幾ら優秀な隊員でも、当務日にいきなり早退されるのはキツい。

二十四時間勤務であり、勤務明けで帰った者や休日の者を呼ぶのは基本的に禁じられている。

四十八時間勤務は建前上、あってはならない。

これほど優秀な人材なのに、本人には直接関係ない理由で辞めざるを得ないとは。

萩原さんは心から気の毒に思い、せめてこの現場は長く勤められるよう願った。

その後、松岡は期待以上の活躍を見せ、隊にとってなくてはならない人材になった。

幸いにも、奥さんの病状は落ち着いているらしく、早退は一度もない。

逆に、古株の隊員が急に体調を崩して早退しても、自ら手を挙げて残業してくれるほどだ。

ある日のこと、萩原さんは嶋津という隊員から相談を受けた。

信じてもらえないのは覚悟の上だと前置きし、嶋津は話し始めた。

仮眠中、見たこともない女に覗き込まれた。声も出せず、身動きもできずにいると、その女は嶋津の額に手を当てて、何事か呟いた。

その途端、全身から力が抜けていき、震えが止まらなくなったという。

目覚ましのアラームが鳴り、ようやく呪縛から解き放たれた。

そのときからずっと倦怠感が続いている。妙に身体が重い。

最近では自宅にも現れる。妻も目撃しており、怖がって実家に帰ってしまった。

どう答えるのが正解なのか分からない相談だ。萩原さんは、とりあえず休養を取るように勧めた。正直に言うと、いなくても何とかなる隊員である。結局、嶋津は復帰することなく会社を辞めた。

嶋津が退職した二日後、萩原さんは違う隊員から相談を受けた。

驚くことに、相談内容は嶋津と全く同じである。

一つだけ異なる点があった。その隊員は、女に見覚えがあるというのだ。

この隊のシフト表は、各自のスマートフォンに送られてくる。

松岡がシフトを確認しようとスマートフォンを取り出したとき、待ち受け画面が見えた。

その待ち受けに写っていた女性だという。

結局、その隊員も体調を崩して長期休暇を申請した。

二欠けの状態では隊が回らない。他の事業所から応援要員を補充し、何とか格好は付いた。

足りない戦力を補ったのは、やはり松岡である。八面六臂《はちめんろっぴ》とは正にこのことかと思わせる仕事を見せた。


何とか落ち着いたところで、萩原さんは状況を整理した。

今まで何事もなかった隊に、得体の知れない女が現れた。

幻とか夢だと信じたいが、実際にそれで被害が生じている。しかも、その女は松岡と深く関わっている。

念の為、事業所で履歴書を確認したのだが、松岡は独身であった。

面接では、妻と死別したと答えたらしい。難病の妻の為に頑張っているというのは、嘘だった訳だ。

さて、どうするか。

色々と想像していても切りがない。手っ取り早いのは、本人に訊くことだ。

萩原さんは、松岡と二人きりになるのを待って疑問をぶつけてみた。

無表情で聞いていた松岡は、萩原さんをじっと見つめ、ゆっくりと口を開いた。

「すいませんでした。今日の当務が明けたら、その足で退職願を出してきます」

予想通りの答えが返ってきた。

萩原さんも用意していた言葉を告げた。

辞めるには及ばない。この先、何があっても隊にいてほしい。

松岡は驚きを隠せずに目を見張っている。

「正直、今いる隊員よりも松岡さんがいてくれたほうが助かるんです。亡くなられた奥様がどうされようと、仕事が楽に回るほうがありがたい」

ただし、と付け加える。

「私はリストから外してください」

萩原さんと松岡は顔を見合わせて微笑んだ。

その後、萩原さんの隊は順調に稼働しているとのことだ。

助手

近藤さんは、とある運送会社のドライバーだ。

大型のショッピングモール宛の荷物が殆どであり、助手とともに定められたルートを回るのが常だ。

最近になって、奥村という助手が付いた。以前の助手は寡黙で気の利く男だったが、奥村は全く正反対である。手よりも口のほうがよく動く。大した内容の話ではない。殆どがテレビやネットで仕入れた話題ばかりだ。正直、一緒に働くのが面倒な相手だった。

一日中、二人で行動するからには無視する訳にもいかない。適当に相槌を打つ。それをいいことに、奥村は更に話し続けた。

助手がいるのといないのとでは、仕事の捗《はかど》り具合が違う。我慢できない訳ではないが、さすがにストレスが溜まっていたという。

奥村が助手になって丁度一カ月目。

いつものルートに新たな回収先が加わった。とある企業の工場である。情報通を気取る奥村によると、以前は大規模な工場だったらしい。一時は生産の拠点だったのだが、海外進出を切っ掛けに縮小されたのだという。伝票によると段ボール箱が五つだけ。大体いつもその程度になる予定だ。それだけの為に回り道を余儀なくされる訳だ。その分、奥村の話を余計に聞かなくてはならない。

近藤さんは重い気持ちを引きずりながら車を走らせた。案の定、奥村は延々と話し続けている。

見慣れぬ景色が新鮮なのか、鼻歌まで飛び出す始末だ。

「あれかな？　えらく古びた建物っすね。入場の手続きしてきます」

元気良く車を降り、警備室へ向かう。ところが残り数メートルの所で、奥村は突然引き返してきた。助手席に飛び込み、頭を下げて隠れようとしている。

「おい、何やってんだ」

奥村は泣きそうな声で答えた。

「すいません、あの警備員、ヤバいんす。見られたくないんで」

お願いします、すいませんと繰り返す様子が只事ではない。仕方なく、近藤さんが警備室に向かった。

一見したところ、ごく普通の中年男性である。来客の応対中だが、爽やかな笑顔を絶やさず、事務処理も手際が良い。初めての来訪である近藤さんにも、入場ルールを分かりやすく教えてくれた。接遇の手本のような仕事ぶりだ。

入場手続きを済ませ、荷捌《さば》き口へ向かう。ようやく落ち着いた奥村は、背後を気にしながら説明を始めた。


この仕事に就くまで、奥村は警備員だったという。

派遣先を四度変わっているのだが、四つ目の現場の隊長が先程の中年男性だった。名は瀬川、四十代後半で家族は妻と息子との三人暮らしだ。

「パッと見、爽やかな男前でしょ。笑顔が素敵で、頭も良くて話も面白い。ところがあいつはパワハラの悪魔なんすよ。あいつに追いつめられて人生を無茶苦茶にされた人、僕が知ってるだけで四人。中には自殺した人もいる」

瀬川は正論を振りかざし、相手の反論を一つずつ潰し、外堀を埋めていく。追いつめられた相手は、何も話せなくなる。そこまでやってから決め台詞を静かに放つ。

「貴方はここに必要ありません。五分以内に出ていってください。後のことは会社に訊いてください」

たとえ現場の責任者であろうと、勤務の調整は勝手に行えないはずだ。

そう言って会社に訴えた者もいるのだが、上層部は相手にしなかった。瀬川は正社員をいたぶらない。アルバイトや派遣社員を獲物にする。契約先から絶大なる信頼を得ている瀬川と、幾らでも替えが利く人材とでは勝負にならない。

配属前から噂を聞いていた奥村は、機嫌を取ろうと努力したそうだ。

だが、萎縮しているせいか、普段なら絶対にやらないようなミスを連発してしまう。自分でも納得できないミスだ。

瀬川から決め台詞を言われる前に、奥村は退職した。

早急な決断には理由がある。瀬川には、もう一つ噂があった。

辞めさせた相手の魂をコレクションして、背後に並べているというのだ。直ではなく、左の肩越しに振り返って見ると確認できると聞き、奥村は恐る恐る試してみた。

瀬川が受付に座り、奥村は構内の巡回に出るときのことだ。鍵の用意をしながら、そっと振り返る。思わず悲鳴を上げそうになり、奥村は手の甲を口に当て、必死で耐えた。

瀬川の背後に男が立っている。その数、七人。いずれもが警備員の制服を着ていた。

その日の勤務を終え、奥村は帰宅せずに会社へ出向いた。その場で退職願を出したのだという。

奥村の話を聞き終えた近藤さんは、素直な感想を述べた。

「そんなことできるとしたら悪魔じゃないか」

「だから言ってるじゃないすか。パワハラの悪魔だって。狙ってやってるか、知らず知らずのうちにやってるか分かんないすけど、ヤバいんですよあいつは」

奥村は帰りもトラックから降りようとせず、突っ伏したままである。

仕方なく、近藤さんは退出の手続きを終えてトラックに戻った。道に出る際、左のバックミラーに警備室が映った。

瀬川の背後に人が立っている。七人どころではない。短時間では数えきれない程の人数だった。

直接、自分には関わりないことだけに、近藤さんは怖さよりも面白さが勝ったという。

そんな恐ろしい目に遭っても、奥村は近藤さんの助手を辞めようとはしなかった。

瀬川がいない日は助手の仕事を全うする。

瀬川がいたら、トラックから降りようとしない。そうすることでやり過ごすと奥村は宣言した。

そんなやり方では仕事にならない。近藤さんは事情を会社に話し、助手を代えてくれと頼んだ。

瀬川のことが理由だとは言えない。言えば正気を疑われるのは自分のほうだ。

仕事をサボる。無駄口が多い。その二つだけでは、会社を納得させることはできなかった。

それから数日後。例によって、瀬川が勤務している為、奥村は降りようとしない。

その姿にうんざりした近藤さんは、退出するときに瀬川に話しかけた。

「うちの助手、奥村っていうんですが、以前あなたの部下だったそうですよ。御存じですか」

「よく存じ上げてます。そうですか、奥村君、今そこにいるんですか」

瀬川は奇妙な笑顔を浮かべてトラックをじっと見つめた。


翌日、近藤さんは一人きりでトラックを走らせていた。

奥村が無断欠勤したからである。

久しぶりに静かな車内だ。カーラジオからお気に入りの音楽が流れてくる。

瀬川は今日も爽やかな対応だった。

去り際に、バックミラーで瀬川の背後を確認する。相変わらず、沢山いる。

その中に、見覚えのある男が立っていた。

理想的な上司

戸島さんは最近、転職を考えている。

仕事は楽しく、給料も良い。セクハラやパワハラもなく、一般的な人間関係は良好なのだが、一人だけ苦手な相手がいる。

最近、配属された南野という女性社員だ。肩書きは課長である。戸島さんにとって初めての女性の上司だ。

ただし、問題はそこではない。戸島さんが南野を苦手とする理由は、些《いささ》か特殊である。

南野は理想的な上司だ。明朗快活、並以上の外見を持ちながらそれを誇ることなく、皆が嫌がる仕事も進んで引き受け、立場が上の相手であっても間違いは正し、部下に対して甘くはないが、無理難題は押し付けない。いい加減な仕事をすると個人的に呼び出されるが、出した成果は皆の前で称賛される。ドラマに出てきたら、そんな夢のような上司がいるかと笑われるレベルの人物だった。

これだけなら良い。ここまでなら戸島さんも文句はない。それどころか大歓迎だ。

だが、南野にはもう一つの顔があった。部下の相談相手になり、抱えている心配事や悩み事を解決してしまうのだ。

それの何処が駄目なのかと訊かれるのが当然である。その理由は戸島さんにしか分からない。


南野は、常に三、四体の背後霊を率いている。

部下の相談に乗り、悩みを解決するとその数が増える。多いときには二桁の背後霊を引き連れていることがあった。

しばらくするとまた、三、四体に戻っている。

南野自身が分かってやっているのか、知らないうちに勝手に憑いてしまうのか、そこまでは分からない。

いずれにせよ、課長席に目をやる度、そういったものが見えてしまう。

何かされる訳ではないが、やはりこの状況は異常だ。

何故、自分にしか見えないのかも気になる。南野が来るまでは、霊感などという物とは無縁の人生だったのだ。

同僚達にとって悪いことではない。悩みが解消した人達は、皆意気揚々と働いている。

職場の雰囲気も上々だ。だからこそ、自分だけが異端児に思える。

そういった事情で、戸島さんは転職を考えるようになったのである。

転職を視野に入れたことで、戸島さんはじっくりと南野を観察できるようになった。

そのおかげで、一つの仮説に辿り着いた。あの霊達は、南野が生まれつき備えている強い生命力に惹かれるのだ。

眩《まぶ》しい光に吸い寄せられる虫のようなものだ。そこで安らぎを得た霊は、自らを浄化するのだろう。

この推理は、戸島さんを大いに納得させた。と同時に、ある不安が芽生えた。

自ら成仏するような物分かりの良い霊ばかりではない。中には、南野の生命力を上回る霊が存在しているかもしれない。

そういった相手が来たとき、南野は対処できるのだろうか。負けてしまった場合、ここはどうなるのか。

戸島さんはその考えに至った日に、退職を決意した。

心配性にも程がある馬鹿げた理由だが、不安な気持ちを誤魔化しながら働くという選択肢はなかった。

それから半月後。退職日当日、戸島さんが仕事の引き継ぎと私物の整理を終えた正にそのとき、南野が海外出張から戻ってきた。

せめて最後ぐらいは挨拶しておこうと顔を上げる。

南野の背後には、泥の仮面を付けた裸の男が立っていた。他に背後霊はいない。その男一人だけだ。

男はゆっくりと辺りを見回している。

恐怖というよりも、絶望という感情に突き動かされ、戸島さんは荷物を持って逃げ出した。

会社関連の連絡先は全て消去し、一切の縁を絶った為、現在どうなっているかは全く分からないという。

リクエスト

その日、進藤さんは友人の大川の家に向かっていた。

幼なじみの大川とは、五十年来の付き合いである。今日は、大川の母親の一周忌。家族同然の進藤さんにとっても、母親だ。

仕事が忙しく、半年ぶりの訪問だ。無沙汰の詫びを兼ねて、高級な線香と華やかな仏花を用意した。

久しぶりの玄関に、見慣れた顔が待っていた。

近況を報告し合いながら、仏間へと足を進める。大川が襖を開けた途端、花の匂いが広がった。

まるで、香水を鼻に押し付けられたような強い匂いだ。だが、室内には花びら一枚すら見当たらない。

大川は面白そうに微笑んでいる。教えてやるから早く訊けという顔だ。

「なぁ、この匂いって何処からだ」

「仏壇」

「は？」

「仏壇から匂ってくるんだよ」

大川は進藤さんを仏壇の前に座らせた。確かに、仏壇が匂いの中心地だ。けれど、やはり花は見当たらない。

「言っておくけど、匂い付きの仏壇とかじゃないよ。これはね、母さんからのリクエスト」

大川は真面目な顔で、馬鹿げたことを言い始めた。

何日かに一度、こんな風に何かの匂いが漂ってくるんだ。大体は花。母さんが足りてないものを欲しがっているんだと思う。

そんなときは、仏壇にその香りの物を供えると収まる。他の匂いのときも同じだ。コーヒーが匂うときもあった。

焼き芋の匂いが漂ったときは、美味しそうに焼き芋を頬張る母の姿が目に浮かんだ。

数あるリクエストの中で、最も笑ったのは唐揚げだ。

「かなり欲しかったんだろうな、仏間だけじゃなく家中が唐揚げの匂いでむせ返るほどだったよ」

事情が分かり、進藤さんも大いに笑った。亡くなった人が物を欲しがるという状況が良いか悪いかは分からない。

だが、仏壇から唐揚げの匂いが漂ってくるのは、単純に面白い。

冗談が大好きだった大川さんの母親を思い出し、進藤さんは泣きそうになりながら笑い続けた。


それから二カ月ほど経ったある日。

大川から電話が掛かってきた。最近、連絡は専《もっぱ》らメールでやり取りしており、余程の緊急事態と思われた。

大川は何やら落ち込んだ口調で、相談があるという。

とにかく家に来てほしいと頼まれ、進藤さんは退社後、大川の家に急いだ。

大川は玄関で待っていた。急の呼び出しを詫び、大川はドアを開けた。

その途端、嗅いだことのない匂いが溢れ出してきた。

あまりの激臭に押され、思わず後退るほどだ。

「これ、何の匂いだよ」

「俺も分からなかったんだが、妻が言うには血の匂いじゃないかって」

言われてみれば、そのような気もする。

「血の匂いっておまえ、これってリクエストなんだろ。どうすんだ」

「だからそれを相談したいんだよ」

リクエストに応えるか、否か。

応えるとしたら、どうやって血を用意するのか。

進藤さんは早々にギブアップして逃げ出したという。

その後、大川がどうしたかは分からない。一切、連絡が取れなくなった。家に行っても留守が続いている。

丁寧な恩返し

水野さんは親切な人だ。困った人を見かけたら、声を掛けずにいられない。

一日一善どころではない。最低でも十善は超える。相手は人間だけに留まらない。

野良猫、池の鯉、公園の鳩。餌を与えてはならない場合も多々あるのだが、どうしても止められない。

当然、親切は物にも及ぶ。西に壊れたベンチがあれば無償で修理し、東に汚れた銅像があれば隅々まで磨き上げる。

殆ど病気ですよと水野さんは苦笑する。

二カ月ほど前のこと。

水野さんは一人で山歩きを楽しんでいた。地元の人間しか行かないような山だ。当然、辺りに人の姿はない。

のんびりと自然を満喫しながら進んでいく。峠の少し手前、腰を下ろすのに丁度良い切り株があった。

見晴らしも良く、弁当を使うには最適の場所だ。食事を終え、さてもうひと踏ん張りと立ち上がった瞬間、気になるものを見つけた。

少し下りた所に、天然の物とは思えない形の石が転がっている。角が丸く仕上げられた長方形の石だ。石碑ではないかと水野さんは判断した。

草むらに覆われた細い道が通じており、気を付ければ近づけそうだ。ここでいつもの親切心が湧いてきた。

足下に注意して下りていく。しっかりと踏み固めた道であり、ものの五分で辿り着いた。

転がった石から一メートルほど離れた場所に、土台のような石もある。

やはり石碑だ。近づいて分かったが、かなり古い。一週間ほど前、この山を含む地域で、やや大きめの地震があった。

そのときに倒れたのかなと独り言を呟きながら、水野さんは石碑を持ち上げた。かなり重いが、足腰と腕力には自信がある。

気合いを入れて頑張ったおかげで、どうにか土台に石が乗った。苔に覆われている為、滑ってしまう。落としそうになりながらも微調整を繰り返し、ようやく石碑は安定した。

何やら字が刻まれているのだが、これも苔に覆われている上に、達筆すぎて読み取れない。とにかく何かの記念だろう。

とりあえずは、設置した人達の役に立てた訳だ。思いがけない収穫に満足し、水野さんは山を下りた。


その夜のこと。

入浴で疲れをすっかり解きほぐし、水野さんは心地良い眠りに就いていた。

何かの物音で、ふと目が覚めた。枕元に置いたスマートフォンによると深夜二時。夢ではないと主張するように、もう一度玄関で物音がした。

夜中に訪ねてくるような知り合いはいない。この辺りは年寄りが多く、深夜に出歩く者もいない。

間違いなく不審者だ。水野さんは、すぐに通報できるようスマートフォンを持って玄関に向かった。

そっと近づき、ドアの覗き穴から外の様子を窺う。何かいるような気配はない。思い切って灯りを点け、ドアを開けた。

タイルの上に何か転がっている。石ころかと思ったが、よく見ると団栗《どんぐり》だ。山歩きを趣味とする水野さんは、その団栗の種類がすぐに分かった。

マテバシイの実だ。生でも食べられる団栗である。細かく砕いて乾燥させた粉でクッキーなども作れる。

何故こんなものがと不思議に思ったが、とりあえず拾いあげ、水野さんは寝室に戻った。

その夜は、それ以上何事も起こらずに朝を迎えた。

次の夜。またしても玄関先で物音がした。同じ時間である。まさかとは思ったが、また木の実が置いてあった。

その次の夜は茸である。どれほど深く眠っていようが、何故か目が覚めてしまう。

一体これは何だと悩んだ結果、水野さんは自分でも思わず微笑んでしまう結論に至った。

その結論とは、石碑の恩返し。

元に戻された恩に報いる為、山の幸を届けてくれるのだろう。馬鹿げているとは思いつつ、そうだったら面白い。

いつまで続けるのか分からないが、それから水野さんは毎回お礼を言うようにした。

そのせいかもしれない。

ある夜、いつもの物音がした。玄関を開けた水野さんは、思わず後退った。スズメが転がっている。恐る恐る持ち上げると、首が捻じ曲げられているのが分かった。

その夜を切っ掛けに、恩返しの品は動物になった。様々な種類の小鳥が、きちんと並べてある。

食べるのは抵抗があり、他人にあげるのも難しい。水野さんは処理に困り、裏庭を掘って埋めた。

しばらくして小鳥は、山鳩や鳶《とび》のような大きな鳥になった。

ここに来てようやく、水野さんは何者がこれを持ってくるか確認しようと思い立った。

今までそうしなかったのが、自分でも不思議である。

玄関先にカメラを仕掛け、動く物は自動的に録画するような設定にした。

その夜、いつものように物音が聞こえた。確認に向かう。今夜はカラスが三羽だ。カメラは上手く作動している。

早速、映像を確認してみた。

そこに映っていたのは、四つん這いで動く真っ黒な何かであった。余りにも素早い為、コマ送りで再生しても黒い影としか分からない。

ただ、丁寧にカラスを置こうとしたおかげで、手の形だけは分かった。

異様に爪の長い六本指だった。

とにかく今のところは恩返しの品を置くだけだ。他には何も起こっていない。どう対処していいか見当も付かず、水野さんはありのままを受け入れることにした。

しばらくして、水野さんはその判断を後悔することになる。

三日続けて、猫の死体が転がっていたのだ。

さすがに恐ろしくなり、水野さんは一泊二日で実家に帰った。受け取る相手がいなければ、状況が変化するだろうと判断したからだ。

久しぶりの実家の布団である。穏やかに眠っていた水野さんは、深夜二時に目が覚めた。

まさかと思いつつ玄関を開けると、狸の死骸が転がっていた。

これはもう逃げられないと観念した水野さんは、原点に立ち返った。

そもそもあの石碑は何なのか。まずはそこだ。当時の状況を思い出してみる。

転がっていた石碑を一生懸命運んだ。苔で滑る土台に置いた。

いや待て。地震で倒れたのなら、何故あれほど遠くにあったのだ。

斜面ならともかく、あそこは平坦な場所だった。

それと苔で覆われていたのもおかしい。一週間かそこらで、あれほどビッシリと苔が生えるものだろうか。

もしかすると、あの石碑はあの場所にあるべきものだったのでは。

それを御丁寧に動かしてしまったのかもしれない。自分が導き出した答えは、圧倒的な正論に思えた。

とはいえ、今更石碑を元に戻したところで、出てしまった何かが素直に戻るとは思えない。

いずれ恩を返し終わる日が来るだろう。水野さんは黙って恩返しを受けることにした。

残念ながら、今もまだ続いている。最近になって犬が届き始め、いよいよ埋める場所がなくなってきた。

これで終わらなければ、次は何が届くのか。

水野さんは頭を抱えている。

あいー、あいよー

吉野さんの友人である中本は、ソロキャンプの達人である。

暇を見つけ、というよりも暇を作りだし、道具一式をバイクに積んで走る。毎回、行き先は適当だ。気に入った場所を見つけ、その日の宿とする。吉野さんを始めとして、何人かの友達に宿の位置をメールして、後は酒を飲んでのんびりと過ごす。

その様子は動画で残しておき、時折見返すらしい。

吉野さんも何度か見せてもらったことがあるが、モニター越しでも豊かな時間が流れているのが手に取るように分かった。


それは二年前の初夏。

例によって、中本から位置情報が送られてきた。

今回は北陸のとある町だ。海沿いの町なのに、中本が選んだキャンプ地は山の中だった。

相変わらず自由な奴だなと微笑み、吉野さんは次の画像を待った。

ところが、幾ら待ってもメールが来ない。以前にも似たようなことがあった。そのときは、かなりの悪天候だったらしい。

大丈夫かなと気にはなったが、中本なら飄々《ひょうひょう》と乗り切る印象しかない。実際、悪天候のときは早々に近くの温泉に泊まっていた。

そこで泥酔し、連絡を忘れたのだった。今回もそうに違いない。

それから三日後。その判断が間違っていたことを吉野さんは知らされた。

中本はバイクとキャンプ用品全てを残したまま、行方不明になったのである。

発見したのは、ハイキング中の親子だった。登山口から少し外れた空き地にテントが張ってある。近くにバイクも止まっているのだが、人の姿が見当たらない。親子は下山後、念の為に地元の消防署へ連絡した。

テントに住所と氏名が書いてあったのが幸いし、中本の行方不明が判明したのである。

中本の実家から両親が上京する間、吉野さんを始めとした数名の友人達は、現地に飛んだ。例によって何処かで飲んだくれている可能性は否めないが、それならバイクと荷物があるのはおかしい。何かの事故や事件に巻き込まれたのは確実になってきた。

一同が最悪の事態を思い浮かべたとき、吉野さんの携帯電話が鳴った。発信元は地元の警察だ。念の為、何かあれば電話してほしいと依頼してあったのである。

中本は現場から数キロ離れた海岸を一人きりでふらふらと歩いていた。

不審者として通報され、現場に駆け付けた警察官が話しかけたが、何かに怯えていてまともな返事ができなかったという。

中本はその場で保護され、病院に連れていかれた。幸い、財布を持っていた為、捜索対象の人物だと判明したのである。

病院に駆け付けた一行は、変わり果てた中本の姿に愕然とした。どんなときでも陽気な中本が、病室の片隅で膝を抱え、見た目で分かるぐらい震えている。

担当医師の説明によると、身体には異常がないらしい。けれど、精神的に非常に不安定な為、しばらくは現地での療養が必要となった。

両親の姿を見た中本は、まるで幼児のように抱きついて泣きじゃくった。

「あいー、あいよー、あいー」

何を言いたいのか分からないが、両親は驚いた様子を見せている。幼い中本は、か行が上手く発音できなかったそうだ。

だからこれは怖い、怖いよ、怖いと言って泣いていたのである。

その後、中本の荷物からビデオカメラが発見され、吉野さんは両親とともに動画を見始めた。

出だしはいつも通りだ。のんびりした様子で、くだらない話をする中本が写っている。今回は、山の中ということで焚き火の代わりにランタンを使っている。おかげで周りの様子がよく分かった。

始まって五分ほど経った頃、中本が突然黙り込んだ。静まり返った動画から、妙な音が流れてきた。

音は徐々に大きくなっていく。どうやら調子の外れた歌声のようだ。ここで画面に中本の手が近づいた。

カメラが持ち上げられ、レンズが歌声に向けられる。

ほんの一瞬だけ、有り得ないほど細い女性の姿が映った。そこでカメラが放り出されたのだろう、地面に転がったまま固定された。

歌声と中本の怒声が共に遠ざかっていき、フッと消えた。

中本は今でも自宅で療養に努めている。

脳が萎縮していたらしい。何か強いストレスを与えられ続けたのではとのことだ。

ぼんやりと一日を過ごし、あいー、あいよーと泣くそうだ。

親友

十三歳の春、加嶋さんは住み慣れた土地を離れた。

母親との死別が理由だ。父親は海外赴任中であり、あと二年は帰ってこられない。

娘を思い、転職を口にした父親を引き留めたのは祖母である。

助言を受け、生活面を考慮した上で、父親は苦渋の決断を下した。

こうしてしばらくの間、加嶋さんは祖母の家で暮らすことになった。

寂れた田舎町だが、辛うじて中学校は存在していた。生徒数は少なく、一学年に二クラスしかない。

クラス全員が、小学校の頃から一緒に育ってきた者同士だ。

田舎に引っ越してくる家は何十年もなく、加嶋さんのような転校生は稀である。

そのような集団が相手では話す切っ掛けすら見つからず、結果として加嶋さんは孤立した。

心細くはあるが、父親の帰国後は都会に戻る予定である。

おかげで一人でも我慢できた。

意外なことに、他にも孤立している女子がいた。しかも二人である。一見すると、どちらもごく普通の女の子だ。

教室の片隅に机を並べているが、お互いに話そうとはしない。ちらりと確認した名札によると、髪の長いほうが杉野、短いほうが坂井というらしい。

何とかしてあげたいが、たった一人ではどうしようもない。そもそも孤立の原因が分からない状態では、放置するしかなかった。

二カ月程経ち、ようやく加嶋さんはクラスに溶け込めてきた。

杉野と坂井は相変わらず孤立している。依然として理由は分からないが、加嶋さんは積極的に調べようとしなかった。

下手なことをすると、自分も孤立してしまうかもしれないからだ。

折角手に入れた居場所は手放したくない。気まずさと後悔を押し殺し、加嶋さんも二人を無視することに決めた。

半年を過ぎた頃、加嶋さんには黒瀬という友人ができた。

アニメの話で盛り上がったのが切っ掛けで、いつの間にか互いの家を訪ねる仲にまでなった。

そんなある日、弾んだ会話がクラスメイトの話題に及び、加嶋さんは何げなく二人のことを口にした。

途端に黒瀬が黙り込む。気まずい空気に焦った加嶋さんは、違う話題に切り替えようとした。

「ところでさぁ、次の日曜何処に行く?」

「それ、黙っといたほうがいいよ」

冷たい声で黒瀬が言った。何故だ。やはりイジメなのか。それでいいのか。

黒瀬は、言い返そうとした加嶋さんを睨みつけた。

「言いたいことは分かってる。でも聞いて。加嶋さん、間違えてる」

「イジメでしょ」

「じゃない。もっと怖い」

あなたも知っておいたほうがいい。そう言って黒瀬はひそひそと話し始めた。

あの学校には私達以外に生徒がいる。二年の女の子。名前も、どんな子かも分からない。何処にいるのかも知らない。見かけたこともない。便宜上、名無しさんと呼ばれている。

名無しさんを一人きりにしてはならない。一人きりにすると、クラス全員に不幸が訪れる。

それは、ずっとずっと前の先輩から続いている掟。

不測の事態が起こらないように、かつての先輩達は人身御供を捧げた。

特別な条件など必要ない。極端な話、誰でも良いのだという。何故なら誰にも見えない子なのだから。

その人身御供は二年生の一年間、ずっと名無しさんとともに過ごさねばならない。

選択方法は公平を期す為、くじで決まる。

一年間、無事にやり切っても何も起こらない。全員から祝福を受けるなどということもない。

学校は知っているのに何もやろうとしない。本人から親に言うこともできない。

もしかしたら、親も知った上で黙っているのかもしれない。

八方塞がりのまま、ひたすら無言で一年間を過ごす。

次の二年がまたそれを引き継ぐ。その繰り返しでやってきた。

話を聞き終えた加嶋さんは、首を傾げた。

「あのさ。誰にも見えないって言ってるけど、見えるよ。並んで座ってるじゃん」

黒瀬が再び黙り込んだ。先程とは比べ物にならないほどの重い空気だ。

「……並んで座ってるって？」

「そう。髪の長い子と短い子」

「悪いけど急に用事を思い出した。ごめん、今日は帰ってくれる」

唐突に追い出され、加嶋さんは仕方なく家路に就いた。

翌日。教室に入った加嶋さんは、黒瀬に手招かれた。

「加嶋さん、ごめんだけど、これを二人に渡してくれない？」

見ると、数学のプリントである。普段なら教師が黙って机に置く。

「先生、渡し忘れたんだってさ。あたし、近づけないから」

自分で手渡せば良いのに、そこまで徹底するのか。

加嶋さんは半ば呆れ、受け取ったプリントを二人に配った。

「はいこれ。あなた達に数学のプリントだって」

その瞬間、教室内が水を打ったように静まり返った。

杉野が目を丸くして加嶋さんを見つめている。そのまま、目を離さずにそろそろと立ち上がり、机から離れた。

坂井が何とも言えない笑顔で加嶋さんを見上げている。

その日を境にクラスの子達は離れてしまった。加嶋さんは無理矢理席替えをされ、坂井と並んだ。

坂井は日がな一日、何か小さな声で歌っている。時折、姿が揺らめき、消える。その間だけは気が休まる。

そのような一年を過ごし、ようやく三年生に進級できた。

新しい教室の入り口に立ち、室内を見渡す。

右奥で坂井が手を振っていた。

父親が帰国し、町から都会に戻り、ようやく加嶋さんは坂井から離れることができた。

高校の教室に入る瞬間の怖さを今でも思い出せるという。

五年目の丸印

話の発端は今から七年前に遡る。

その夜、若槻さんは心から後悔していた。

何故、安易に友人の誘いに乗ってしまうのか。子供の頃からずっとそうだ。自分というものをしっかり持たなくては。

そんなだから、こんな心霊スポットに来てしまったんだ。

何度も繰り返し、自分を責めながら進んでいったという。若槻さん以外の友人達は、楽しそうに悲鳴を上げている。

中学生時代からの悪友だ。会う度にこうやってバカ騒ぎになる。

若槻さんは、できる限り静かにしていた。もしも何かいたときに、そのほうが目標になり難い。本気でそう考えていた。

「ねぇ、その奥があいつの部屋じゃない？」

友人達が目指す部屋の主を若槻さんも知っていた。山里梨奈、中学校時代の同級生である。

当時、若槻さん達の玩具にされていた子だ。最初は軽くふざけ合っていたのだが、徐々に頻度も程度も増していき、冗談とは言えないレベルにまで達していた。

今、この場にいる四人が、それぞれ思いつく限りのイジメで楽しんでいた。若槻さんもアイデアを出していた。

主に性的なイジメを得意としていた。下手をしたら、妊娠できなくなるようなことまでやった。

「子供が産めない身体になるかもー。そしたらエッチし放題じゃん」

そう言ったのを覚えている。

そうしなければ自分が対象になってしまうからだ。だが、やっているうちに自分が興奮していると分かり、それからは積極的に楽しんだ。

梨奈は心身ともにズタボロにされ、卒業式直前に自ら死を選んだ。

一時、若槻さん達の行為が明るみに出そうになったのだが、醜聞を恐れた学校と教育委員会がイジメはなかったと判断した。

そのおかげで、若槻さん達は無事に卒業できたのだという。

母子家庭だった梨奈の母親は、娘を亡くした痛みに耐え切れず、この地を去った。暮らしていた家は売り家の表示が掲げてあるが、五年経っても売れそうにない。家具はそのまま放置されており、住人だけが消えたようになっていた。

おかげで、格好の心霊スポットに成り果てた訳だ。

「いい？　入るよ」

ドアを開けたのは大沢彩花。その後を小松成美、鶴田香織と続く。若槻さんは殿《しんがり》を務める。

五年ぶりにドアが開いたわりに、黴《かび》臭さや埃がない。懐中電灯が照らす室内は可愛い小物に溢れ、女子中学生らしい雰囲気に満ちている。

何処にでもあるような部屋だった。梨奈は私と同じ人間だったのだ。ここで苦しみ、絶望し、死を選んだ。もっと生きていたかったに違いない。

それに気付いた途端、若槻さんは自分達がやってしまった行為の醜さにようやく気付いたという。

とはいえ、未だに彩花達を止められない。自分の不甲斐なさに吐きそうになりながら、若槻さんは皆が部屋を漁るのを見ていた。

「この机、開けていいかな」

「いや、さすがにそれは持ち主の許可を得ないとダメでしょ」

「はーい、あたし梨奈でぇーす。開けていいよー」

三人がふざけ合いながら、引き出しを抜いていく。中身はベッドの上にぶちまけた。

勉強道具、安っぽいアクセサリー、百円ショップの化粧品。特別な物は見当たらない。

「つまんねぇ奴。はい、これが最後」

最後の引き出しには、たった一つだけ。卒業アルバムである。調べるまでもなく、若槻さん達と同じ物だ。

当然ながら、中身も同じだ。恨みが込められているのだろうと思ったのだが、意外にも落書きすらない。

香織が飽きたと言い出し、成美が同調した。彩花は卒業アルバムを持ったまま、玄関に向かおうとしている。

こんな家の中に、自分達の写真が放置されているのは気分が悪いという。

正直なところ、若槻さんもそう思っていた。持ち出したところで、誰からも苦情は来ないだろう。

その後、国道沿いのファミリーレストランで食事し、若槻さん達はそれぞれの帰路に就いた。


翌日。

彩花が電話を掛けてきた。普段、滅多にしないことだ。焦っているのが丸わかりの声で彩花は妙なことを言った。

持ち帰ったアルバムに誰かが落書きしたというのだ。

アルバムは家族に見られたくないから、鍵の掛かる引き出しに入れていた。

今朝、何となくクラスの男子を見たくなって、もう一度見返していたときに発見した。

クラス全体の集合写真に何か書いてある。四人それぞれの名前が丸印で囲まれている。

あの家で広げたときには、間違いなくなかった。各自がそれぞれ自分を見つけて、笑い合ったのを覚えている。

そんな丸印に囲まれていたら、見落とす訳がない。既に彩花は、他の二人にも電話して確認済みだった。

全員、今のところ何も起こっていない。だが、気味が悪いのは確かだ。若槻さんの提案で、四人は何かあればすぐに連絡し合おうと決めた。

三日経ち、一週間になり、半月、一カ月が経過しても何一つ起こらない。

四人にようやく余裕が出てきた。あの丸印は単なる見落としだろうと、全員が納得した。

そうではないことが分かったのは、それから更に三カ月後。

四人ともが、同日同時刻に何らかの形で怪我をしたのである。彩花はバイト先で顔面を強打、成美は路上で転倒し額から出血、香織は調理学校に通っていたのだが、実習中に包丁で指をかなり深く切ってしまった。若槻さんも自宅の階段から落ち、左肘を五針縫う怪我を負った。

それぞれが単独なら不注意で済む話だが、全く同じ時刻である。偶然とは思えない。

若槻さんが最初に気付いた。

今日は梨奈が飛び降り自殺した日だ。もしかしたら、飛び降りた時間に合わせて全員が怪我をしたのではないか。

四人は彩花さんの家に集まり、アルバムを見返すことにした。

恐る恐る集合写真を広げてみる。確かに、それぞれの名前が丸印で囲まれている。

それだけではない。丸印の中には、微かだが何か平仮名が記されている。

彩花がかお、成美はひたい、香織はゆび、そして若槻さんはひじと書いてあった。

全員が黙り込む。これが偶然と言えるはずがない。

最初に口を開いたのは成美だ。

「彩花。これ、あんたが書いたんじゃないよね」

「アホか。あたしが何か書いたら、あんたらがその通りに怪我するってか」

口喧嘩が始まってしまった。

「大体、あんたがあんな家に行こうって言うからよ」

「あたしそんなこと言ってないだろうが」

また全員が黙り込んだ。あの家に行こうと言い出したのは誰だったか、どうしても思い出せない。

それほど前のことではない。確か、集まって買い物をしてからカラオケに行って、その次があの家だ。

歌った曲や順番すら思い出せるのに、あの家に行こうと決めた会話の流れが浮かんでこない。

曖昧とかではなく、一切の記憶がないのだ。

結局、その日は何の結論も出せないまま解散した。

その後、何となく気まずいまま会わなくなってしまい、お互いの状況が分からなくなった。

それが分かったのは、翌年の同月同日である。

またもや四人ともが一斉に事故に遭った。前回よりも激しい事故だ。彩花は再度顔面を打ち、左目の視力が極端に落ちた。

成美も転倒し、後頭部を強打。救急搬送されるぐらいの状況だった。香織は左手の薬指先端を切断してしまった。

若槻さんは再度左肘を骨折し、曲げ伸ばしができなくなった。

それからも毎年、梨奈の命日になると四人は怪我をしている。

年々酷くなっている。怪我をする場所も少しずつ変わっていき、四人とも全身が傷だらけである。

一つ大きな疑問が残った。何故、五年も経ってから復讐が始まったのかということだ。

やるなら自殺した日から始まるべきだ。

全員で考えたが、誰も明確な答えが出せなかった。

梨奈の墓参りに行こうとした者もいるが、母親に塩を撒かれて追い返された。

お祓いを試みたが、全く効果がなかった。

やれることは全てやった。もう何も思いつかない。

ここに来て四人は、身体に受ける傷を贖罪として受け入れるしかないと諦めた。

互いの傷の報告をすることも止めた。

この間、久しぶりに彩花から連絡が入った。

アルバムの文字の内容が変わったという。

彩花、成美、香織はそれぞれちょう、のう、はいと書いてあるそうだ。
いよいよ次は内臓か。若槻さんは涙を流しながら、自分は何と書いてあったか訊いた。
あかちゃん、と書いてあったそうだ。
若槻さんは職場の男と肉体関係を持っていた。妊娠していると分かったばかりである。
何故、自殺してから五年も後に復讐を始めたのか、ようやく分かった。
確実に妊娠するだろう年齢まで待っていたのだ。
四人は今、家族からも離れ、孤独に生きるだけの日々を過ごしている。

教育的指導

昭和初期、傷痍《しょうい》軍人と呼ばれる人達がいた。

戦争で身体の一部を欠損し、仕事に就けない者が祭りや縁日に来て、道行く人から金銭を貰っていたのである。

都道府県の条例で街頭募金が禁止されてからは、徐々にその姿を消していった。


それは、吉川さんが八歳のとき。

吉川さんは祖父とともに、初詣に向かっていた。地元の人間しか行かないような小さな神社だ。

普段は静寂そのものの場所に、人が溢れかえっている。神社までの道には屋台が並び、吉川さんは胸を躍らせながら足を進めていた。

あと少しで境内というところで、祖父が立ち止まった。視線が鳥居に向けられている。向かって右に傷痍軍人がいた。

それまでにも幾度か目にしたことはあったが、それらとは全く異なる様子だ。

軍服は血や泥に塗れ、袖や裾が引き千切れ、腹部には大きな穴が開き、両膝から下がない。

と、そこまで見て気付いた。腹部に大穴が開いている人間がいるか。両膝から下がないのに、普通に立っているのと同じ背丈なのは何故だ。

「ああそうか。お化けやから浮いてるのや」

思わず口に出した言葉に、自分が驚いた。祖父に手を引かれなければ、そのままずっと立ち竦《すく》んでいたかもしれない。

「見たらあかん。はよ歩き」

そう注意されたということは、祖父にも見えている訳だ。吉川さんは鳥居に急ぎながら、祖父を見上げた。

祖父は今まで見たこともない険しい顔だ。物も言わずに社の前まで歩き、祖父は振り返った。

つられて吉川さんも振り向いた。あの軍人は見当たらない。まだ警戒を解かない祖父に、吉川さんは訊いた。

「あれは何なの」

祖父は険しい顔を崩さず、返事もせずに裏口から外に出た。大勢の人の群れに混ざって歩いていると、気持ちが落ち着いてくる。

吉川さんは、あれは何なのか再度訊ねた。祖父はようやく答える気になったらしい。

「多分やけどな、初詣に来た人に取り憑いてたんやろ。その人は境内に入れるけど、あれは弾かれてしまった。その人は神社でお祓いを受けたのかもしれん。そやから、帰るに帰れず、あの場所で立っとるのや。ええか、友達とかに言うとき。しばらくあの神社に近づいたらあかんで。波長が合う相手が近づいたら、取り憑かれるからな」

翌日。

吉川さんは友人達と遊んでいる最中、昨日の体験談を話した。思った通り、全員が食いついてきた。

その中の河西という少年は並外れたお喋りであり、あっという間に噂を広めてしまった。

何人かが肝試しと称して、神社に向かったらしい。祖父に注意された手前、余り大きな騒ぎになるのは避けたい。

吉川さんは、とりあえず自分も神社に向かった。

結果として、鳥居の下にあの軍人はいなかった。参拝客の誰かが連れていったのだろう。

ほっと胸を撫で下ろし、吉川さんは神社を後にした。家への帰り道、知っている顔を見かけた。

坂上というイジメっ子だ。吉川さんもイジメの対象の一人であり、できれば会いたくない相手である。

いつもなら急いで隠れるのだが、その日は違った。

坂上があの軍人を連れていたからだ。吉川さんが近づくと、坂上はいつものように冷たい笑みを浮かべた。

「おー、吉川やんけ。丁度ええわ、駄菓子屋行くから金くれや」

そう言った途端、背後にいる軍人が坂上の頭を殴った。勿論、直接的な痛みはないのだろうが、坂上は顔をしかめて座り込んだ。

おかげで吉川さんは無事に帰宅できたという。

それからも坂上が何か悪いことをする度、背後の軍人が頭を殴っていた。

半年も経たないうち、坂上は模範的な生徒に生まれ変わっていた。

小学校を卒業する日も、坂上の背後には軍人がいた。

その後、何年かして同窓会が行われたときも、まだ連れていた。仲間の誰よりも、その姿が懐かしかったという。

パワースポット

小学生の頃、恩田さんには友達がいなかった。吃音《きつおん》症というものを知らず、自分がまともではないと思い込み、積極的に人と関われなかったのである。

一人きりは寂しいときもあったが、気楽なことのほうが多かった。勿論、遊ぶときも一人だ。誰も注意しない環境での遊びは、徐々に悪いほうへ向かっていった。

当時、恩田さんが最も好きだった遊びは、コックリさんである。

雑誌で読み、何となくやってみたくなったそうだ。それこそ遊び半分でやったのだが、何と一回目で成功した。

指先の十円硬貨が滑らかに動く感触に、恐怖よりも感動を覚えたという。

コックリさんは色々なことを教えてくれた。甘いことだけでなく、厳しい結果も隠さずに出してくる。

例えば、当時好きだった石井君とは、死んでも縁がないと断定された。将来の夢も悉《ことごと》く否定されたが、お金には不自由しないとも教えてくれた。

何度かやっているうちに、恩田さんにとってコックリさんは、誰よりも大切な存在になっていた。

こうやって質問をやり取りするだけでなく、もっと深く交われないかと訊いてみた。

コックリさんはしばらく考え『まつれ』と答えた。祀れという意味に捉えた恩田さんは、時間を掛けて具体的な方法を質問していった。

その結果、常に滞在できる社を用意することになったのである。

大袈裟なものでなくてもいい。形さえ整っていれば大丈夫。それを静かな環境に置き、お供え物を捧げてくれたら完璧だ。

そこまでは分かった。とはいえ、恩田さんはまだ小学生である。自由に使える小遣いなど、たかが知れている。

家の中や物置を隅から隅まで調べ、神棚用の社を見つけた。去年、買い替えたのを覚えている。次の正月の左義長《さぎちょう》で焼くつもりで保管してあったのだろう。

古びてはいるが、まだまだ現役で使えそうだ。その社を持ち出し、できる限り綺麗に掃除し、恩田さんはいつものようにコックリさんを始めた。

ただし、いつもとは違う点が一つだけある。

五十音図の上に赤い鳥居を描き、それを挟んで左右に『はい』と『いいえ』を書くのが本来のやり方だ。

恩田さんは赤い鳥居の奥に、持ってきた社を置いた。扉を開き、コックリさんを始める。その頃には、驚くほど早くコックリさんが降りてくるようになっていた。まずは来てくださったことに感謝し、用意した社で大丈夫か訊く。間髪を入れず、十円硬貨は『はい』のほうへ動いた。

「それでは、コックリさん、コックリさん、どうぞお入りください。入られましたら、扉をお閉めください」

十円硬貨は、ゆっくりと鳥居に向かう。いつもとは違い、今回は鳥居を抜けて社の前で止まった。

恩田さんは、目の前で扉がそろそろと閉まっていくのを不思議な感動とともに見守った。

それからは面倒な儀式を経ず、コックリさんはすぐに降りてきた。

恩田さんは米と水を欠かさず供え、丁寧に祀ったという。

不思議なことに、そうやっているうち、吃音がなくなってきた。相変わらず友人は作らなかったが、成績は上がり、父親が出世したおかげで暮らしも楽になってきた。

家を建て直すことになり、恩田さんは社を一日違う場所で保管しなければならなくなった。

コックリさんに希望の場所を訊いてみると、南の方角にある森に行けという。

その森の奥に、大きな木がある。木の幹に、丁度良いぐらいの洞《うろ》が開いているので、そこに入れろとのことであった。

幸いにも、自転車で数分の場所だ。人気のない森を進んでいくと、お告げ通りの場所に大きな木があった。

確かに、丁度良いサイズの洞がある。そっと社を入れてみる。誂《あつら》えたようにピタリと収まった。

新しい環境が気に入ったのか、社の扉が小刻みにパタパタと動く。

直後、恩田さんの脳に声が響き渡った。

『ここは良い。よくやった』

ああ良かった。満足してもらえた。恩田さんは、ほっと胸を撫で下ろし、改めてコックリさんとの出会いに感謝したという。

その後、今に至るまでの十数年、恩田さんはコックリさんを大切に祀り続けている。

駅から遠く、利便性が皆無な土地の為、森は開発されることなく静かな時を守っている。

ただ、少し前から様子が変わってきた。

ちらほらと観光客が訪れるようになったのだ。風光明媚でもなければ、珍しいものもない。名所旧跡の類など一切ない場所に、何故こんなに人が来るのか。

しい。

森に入ろうとしている人に、それとなく訊いてみたが、予想通りだった。コックリさんの木を中心とした一帯が、パワースポットとして密かに広まっているらしい。

恩田さんは、何人かの後に付いていってみた。

コックリさんの木に向かい、目を閉じて両手を差し出す者。

地面で胡坐《あぐら》をかき、瞑想に耽《ふけ》る者。

木に耳を当て、命が聞こえると呟く者。

こいつら、相手が何か知ったらどんな顔をするだろう。恩田さんは笑いを堪えるのに必死だったという。

一人きりになり、恩田さんはコックリさんに今の気持ちを訊いてみた。

『あいつらは心を解放しているから、生気も運気も吸い取り放題で助かる』ということだ。

ちなみに、コックリさんが何の霊なのかは分からない。

狐かもしれないし、もっと低級の動物霊かもしれない。恩田さんにはどうでもいいことだ。

相手が何であれ、恩田さんにとっては大切な神様、かつ友人であることに変わりはない。

おはこさま

青木さんが念願のマイホームを建てたのは、今から五年前のことだ。

場所は、とある地方都市。青木さんが買った土地は、中心部からかなり離れている。おかげで自然環境は抜群である。近隣の住民は、何世代も前から住み続けている家ばかりだ。

どうやら、他所者に良い印象がないようで、何となく交流を避けられている。

青木さんの妻である恭子さんは、社交性に富む女性だが、地元民の団結力には全く歯が立たなかった。不本意ではあるが、引っ越してしばらくは静かな日々が続いていた。

そうこうしているうちに、青木家の隣に家が二軒建った。引っ越してきたのは、遠山という中年夫婦と、林という三人家族だ。

待ってましたとばかりに挨拶に出向いた恭子さんは、たちまち両家族と仲良くなり、三軒だけのミニ町内会が発足した。

晴れた日などは庭先でバーベキューを楽しみ、文字通り垣根を越えた付き合いである。

青木さんは、良い土地に出会えた幸運に感謝したという。

夏になり、ようやく何人かの住人が話しかけてくれるようになった。楽しげな家族の様子が、町内を安心させたのかもしれない。

中でも板谷という初老の女性は、恭子さんが気に入ったらしく、色々と情報を教えてくれた。

「秋になったら町内にお御輿がいらっしゃるわ。素晴らしいお御輿なのよ。大切な行事でね、その日は町内中の家が参加するの」

板谷は目を輝かせて説明を始めた。

見た目は何処にでもあるような御輿だが、中が違う。金色の箱が入っている。学習机の引き出し程度の大きさなのだが、物凄く重い。

各家庭の男性陣は、その為に普段から身体を鍛えているぐらいだ。担ぐ男手がいない家は、家の前で酒や肴を振る舞う。

箱を入れた御輿は、通りに面した全ての家の前を通る。可能ならば路地裏にも入り込む。入れない場所にある家の者は表通りに供物を並べ、前を通る御輿に祈りを捧げる。

「おはこさまと言うの。あんた達も参加したほうがいいわよ」

恭子さんが言うには、板谷は異様なほど熱心に誘ってきたそうだ。折角だが、青木さんに参加する気はない。その日は既に予定が入っている。

たとえ予定がなかったとしても参加はしないだろう。御輿を担ぐなどという肉体労働は苦手だし、そもそも何処の神社かすら知らない。何の関心も持てなくて当然だ。

その会話を最後に、青木さんは祭りのことをすっかり忘れてしまった。

秋も深まったある日、町の様相が一変した。通りに面している家々の軒先に提灯が吊られている。それぞれの家紋だけが描かれた提灯だ。

青木さんは、それのおかげで祭りを思い出した。提灯を吊るだけなら協力できたのだが、今からでは間に合わない。

いずれにせよ、今日は予定が入っている。そろそろ出かける頃合いだ。途中、近所の人達と出くわすかもしれない。避けたほうが良いのだろうが、別に悪いことをしている訳ではない。

気を取り直して玄関を出た青木さんは、ふと違和感を覚え、辺りを見渡した。

確かに提灯は吊られている。酒や肴の用意もしてある。だが、それ以外に祭りの要素がない。何より、先程から人の姿を見かけない。

町の大切な行事と言っていた割には、かなり寂しい状況だ。もしかしたら、全員が神社に参拝している可能性もあるが、それにしても寂しすぎる。これは参加しなくて正解だったなと呟きながら、青木さんは車庫に向かった。

シャッターを開けようとした瞬間、遠くのほうで何か音がした。見ていると、御輿を担いだ集団が現れた。五十メートルほど先の角を曲がったところである。

意外にゆっくり進んでくる。一軒ずつ、家の前で止まっているらしい。白い褌《ふんどし》に法被《はっぴ》姿と格好だけは勇ましいが、御輿に付き物である威勢の良い掛け声はない。至って静かである。何か言っているようだが、はっきりとは聞こえてこない。

「何と言うか、えらく厳かな御輿ですよね」

ジャージ姿の遠山さんが表に出てきた。にやにやと笑いながら祭りの集団を眺めている。

「ですよねぇ。えらく熱心に参加しろって言われたから、もっと派手な御輿かと思ってましたよ」

たった今起きたばかりといった様子で、林家の当主も出てきた。やはり同じ感想である。

いよいよ御輿が近づいてきた。板谷が言ったように、何処にでもあるような御輿だ。本来なら閉じられているはずの扉が開かれ、中が丸見えになっていた。

中にあるのは金色の箱とのことだったが、確かにそれらしい物が輝いている。

一軒ずつ回ってきた御輿は、板谷の家の前で止まった。先頭に立つ羽織袴《はかま》の老人が、祝詞《のりと》のような抑揚で厳かに言った。

「御前に住まうは板谷孝子。家族なく一人で二十四年に成り申す」

その家の住人を紹介しているらしい。その間、担ぎ手全員が頭を下げていた。御輿は板谷家の隣に移り、そこでも住人紹介の祝詞が始まった。

「御前に住まうは里中敏夫。妻は節子、二人で二十年に成り申す」

流れで行くと次はこちら側の三軒だ。遠山、林、青木の順になる。

「こっちもやるんですかね」

「どうでしょう、祭りに参加した家だけじゃないかな」

「いや、来るみたいですよ」

まずは遠山家の前に御輿が止まった。今度は全員が頭を上げたままだ。

老人が祝詞を上げた。

「この住まいからは夫」

それだけである。何だそれはと御輿を覗き込んだ青木さんの目の前で、妙なことが起きた。誰も触れていないのに、箱の蓋が開いていく。

遠山さんと林さんにも見えているらしく、あれはどんな仕掛けだなどと言っている。

御輿は林家の前に移った。ここでも皆、頭を上げている。何とも表現し難い顔つきだが、強いて言うならば哀れんでいるように見えた。

「この住まいからは娘」

箱の蓋は更に開いていく。中から煙が細い筋となって、ゆるゆると上がっていく。

最後に御輿は青木さんの家の前に止まった。

「この住まいからは妻」

あの箱は何なんだ。夫とか娘とか妻とか、一体何のことだ。

戸惑う青木さんを押しのけ、遠山さんが祝詞の老人に詰め寄った。

「おいあんた。夫がどうしたって言うんだ。その箱は何だ。くだらない手品なんか見せてどうするつもりだ」

集団が一斉に溜め息をつく中、老人が御輿に向かって深々と頭を下げた。

顔を上げた老人は、遠山さんに向かって再び祝詞を上げた。

「もとい。この住まいからは夫婦二人」

その瞬間、箱の中で笑い声がした。複数が同時に笑ったように聞こえたという。

それからは何を言っても無駄であった。食い下がる遠山さんを無視して動き出した御輿は、それまでのように家を一軒ずつ回り始めた。青木さん達は、呆然と見送るしかなかった。

一体あれは何だったのか。色々と調べてみたが、まるで分からない。祭りの三日後、その答えが出た。


早朝、遠山家に救急車が到着した。何事かと飛び出した青木さんの前を遠山さんが運ばれていく。粘土のような顔色で、目を見開いたままだ。妻の必死の呼びかけにも反応せず、遠山さんは搬送されていった。

その日の夜遅く、遠山さんは遺体となって帰宅した。原因は何だったのか知りたかったが、遠山家は親戚縁者でごった返しており、訊けるような状況ではなかった。

葬儀会場でそれとなく訊こうとしたのだが、それも不発に終わった。

翌朝、遺された妻も同じような状態で発見されたからである。

夫婦の葬儀は内輪だけで行われた。青木さんも林さんも、突然の死に茫然自失するだけであった。

それから二日経った朝、今度は林さんの家に救急車が到着した。運び出されてきたのは、林家の一人娘、有希ちゃんである。今回も全く同じ状況だった。

葬儀の間、林夫婦は呆然と娘の遺影を見つめ、時折悲鳴のような泣き声を上げていた。

ここに至って、青木さんはあの祝詞を思い出した。

ここからは夫婦。ここからは娘。偶然の一致とはどうしても思えない。

となると、次は妻だ。こうしてはいられない。何か手掛かりはないかと必死に考えた末、ようやく思いついた。

板谷に訊こう。あれほど熱心に祭りへの参加を促したのだから、何か知っているはずだ。

青木さんは家を飛び出し、板谷の家の戸を叩いた。呼びかけるまでもなく、板谷は顔を出した。

どうやら青木さんの来訪を予想していたらしく、板谷は開口一番こう言った。

「無理よ。おはこさまは絶対だから。今のうちに少しでも長く、奥さんと過ごしておきなさい」

ああそうですかと引き下がれる訳がない。こうなった理由と対策方法を教えてほしい。青木さんは平身低頭して必死に頼んだ。

嫌悪を露わにして青木さんを睨んでいた板谷は、不承不承といった体で話し始めた。


あのね、元々この辺り一帯は禁忌の土地なのよ。昔、余所から流れ落ちてきた何人かが、おはこさまを祀ることで住むことを許されたそうよ。

だからこれは、土地を見回りに来るおはこさまに、自分はこれこれこういう者です、住まわせていただいてありがとうございます、そういう感謝の気持ちを伝えて供物を捧げる行事なの。

御輿も担がない、供物も捧げない、頭も下げないような人は、住む資格がないと判断される訳ね。

「だからあれほど参加しなさいって言ったのに」

「何でそれを最初に教えてくれなかったんですか」

「教えても信じなかったでしょ」

確かにそうかもしれないが、どうにも納得がいかない。

そんなことぐらいで、人の命を奪うなんて、それでも神様か。

大声を上げた青木さんを鼻で笑い、板谷は答えた。

「最初から、神様だなんて一言も言ってないわよ。神社のお祭りとも言ってない」

言葉に詰まる青木さんに、板谷は駄目押しのように言った。

私らとしては、たまに死人が出てくれたほうがありがたい。

一番の供物になるからね。

その日すぐに青木さんは家を離れ、可能な限り遠くで過ごしたのだが、恭子さんを救うことはできなかった。

恭子さんの葬儀後、青木さんは家の売却を考えたが、早々に諦めた。

家のあちこちに恭子さんが現れ、家事をしようとしては消えるそうだ。

その姿が愛おしくてたまらず、青木さんは家に住み続けようと決めた。
御輿を担ぐのは抵抗がある為、毎年立派な供物を捧げているという。

知ったことではない

紺野さんの祖父である信介さんは、今年八十八歳になる。歳の割に元気そのもので、今でも畑仕事を欠かさない。

と言っても、既に農業は辞めている。作るのは自分の家で食べる分だけだ。多く収穫できたときは、近所や知り合いに配ったりする。

早い話、健康維持が目的だ。そんな元気な信介さんだが、最近になって身辺を整理し始めた。

いわゆる終活である。趣味で集めていた骨董品を売りさばき、古い家具は専門の業者に引き取らせ、先に逝った妻と己が入る予定の墓の永代供養を済ませ、いつこの世を去っても良いようにしていた。

紺野さんが信介さんから相談を受けたのも、そんな時期だった。相談というのは、信介さんが所有する土地の売買に関してである。

紺野さんは不動産関連の仕事に就いており、当然その方面に詳しかった。

信介さんが農業を辞めてから、土地が遊んでいるのは知っていた。今回売りたいと言っているのは、その土地のことだろうと紺野さんは推測した。

だが、実際は全く違う場所だった。紺野さんにとっては曾祖父に当たる人が、知り合いから買った土地だという。

所在地を聞いて紺野さんは驚いた。ここ数年、開発が著しい場所だったからだ。と同時に、嫌な予感が働いた。それほどの人気にも拘《かかわ》らず、ある一区画だけが売買できないというのだ。

聞くところによると、そこは売買どころか近づくことすら許されない禁足地らしい。土地の所有者は表に出てこず、全ての業者を門前払いしており、話すらできない状態が続いている。

嫌な予感が当たった。その所有者は信介さんであった。

当然ながら信介さんは、そこが禁足地だと知っている。知った上で相続した。伝え聞いたところによると、元の所有者は曾祖父の幼なじみで、当時かなり金に困っていたそうだ。義侠心に厚かった曾祖父が、使える当てのない土地を言い値で買ったという。

けれどその土地は、やはり禁足地なりの過去があった。

直接その場で何事か起こる訳ではない。ただし、一歩でも踏み入れた者は例外なく死ぬ。滞在時間が長ければ長いほど被害は広がる。

また、木の葉一枚でも持ち帰ったり、立ち小便や痰《たん》を吐くなど、土地に対して侮蔑的な行為に及んだ者は親族にまで不幸が及ぶ。

実例は挙げていけば切りがない。

そんな危険な土地を自分の子や孫に遺して死ぬ訳にはいかない。

終活に際して、信介さんが思い悩んだのがその点だ。

そこで紺野さんに、白羽の矢が立ったのである。


尊敬する祖父からの依頼、全て隠さず話してくれた信頼、その二つを裏切りたくはないのだが、どう頑張っても売れるとは思えない。

即答できず、紺野さんは言葉に詰まった。

そんな紺野さんに、信介さんは緩やかに笑って言った。

「わしに考えがある。聞いてくれるか」

信介さんの計画を聞いた紺野さんは唖然とした。計画自体は、恐らく上手く行く。ただし、腹を据えねば実行はできない。

紺野さんが覚悟を決めるのに十日掛かった。

結果として、祖父の土地は無事に売却できた。
全て紺野さんの手筈通りに進んだ。
購入したのは日本人ではない。某国のバイヤーだ。
禁足地などという存在は聞いたこともないだろう。
信介さん曰く、
「その後がどうなろうと、知ったことではない」そうだ。
紺野さんも同意見である。

家

二年前のこと。

荒田さんという男性から連絡を貰った。かなり前に取材していた相手である。何度かに分けて話を伺っていたのだが、いきなり連絡が取れなくなってしまったのを覚えている。

興味深い話だったのだが、結局それきりになっていた。

あの続きを話したいのだが、時間を取ってくれるかとのことだ。二つ返事で了承し、その日が来るのを心待ちにしていた。


これは荒田さんが、家と戦った話である。

荒田さんは早くに父を亡くし、母と姉との三人で暮らしていた。

母は身を削って働き、荒田さんは母子家庭ながら何一つ不自由なく育てられた。

父は解体業に従事していたらしい。とある家の解体中、足を滑らせて転落。ほんの数メートル落下しただけなのに、意識を取り戻すことなく亡くなったと聞かされていた。

母は、そんな父を愛していた。だからこそ頑張れたのだと、常々言っていた。

それほど愛されていたはずなのに、父の写真は一枚もなかった。

母や祖父母の写真はある。姉の写真も、自分自身の写真も数多くあるのだが、父の写真は幾ら探しても見つからなかった。

誰かと一緒に撮られたものもない。この世に存在していないかのようだった。

幼かった頃は、それが普通だと思っていた。長じてからは不思議でならなくなった。

十二歳の誕生日。三人で食事を楽しんでいるとき、荒田さんは何げなく父の写真のことを訊いてみた。

母はしばらく黙ったまま俯いていたが、意を決したように顔を上げた。

母の口から語られたのは、父を死に至らしめた理由であった。


父は責任感の強い人だったという。解体現場は、あちこちに危険が転がっている。手順を間違えたり、自分勝手な判断で作業内容を変更すれば、事故に繋がってしまう。父が監督を務めた現場は、安心して働けると評判だった。

ある日のこと。

父は、社長室に呼ばれ、社長直々に仕事の依頼を受けた。民家の解体である。資料を見る限り、誰にでもできる現場に思えた。

父は素直にそう言うと、社長は苦虫を噛み潰した顔で事情を説明した。

これは呪われた家だ。今までに幾つもの会社が解体しようとしたのだが、その度に怪我人が続出し、とうとう引き受ける会社がなくなってしまった。とある筋から、どうしても壊してほしいと頼まれ、仕方なく受けた。

これができるのは君しかいない。特別ボーナスを支給するから、どうか引き受けてもらえないか。

断っても良かったのだ。何なら、退職して違う仕事に就いても良かったのに、父は引き受けた。

自分がやらねば、部下がやらされてしまう。

大丈夫、きちんと手順に沿ってやれば何ともないさ。父はそう言って笑ったのだという。

作業初日、父は全員を集め、作業手順を説明した。いつもより時間を掛け、互いの作業を確認し合う。

少しでもおかしなことがあれば、直ちに作業を止め、報告する。場合によっては、その日の作業を中止する。

時間は幾ら掛けてもいい。何なら一日に屋根瓦一枚だけでもいい。何年掛けても構わないから解体してほしいと言われている。

そこまで段取りを組んでいたら、後はやるだけだ。

粛々と作業は始まった。

始まって五分経った頃、屋根に上っていた作業員の一人が、突然大声で歌を歌い出した。有り得ないことである。父が急いで駆け付けると、その作業員は皆の制止を振り切り、飛び降りようとしていた。

父は相手に飛びついて倒し、必死で抑えつけた。何とか落ち着かせ、立ち上がった瞬間、誰かに押されたように吹っ飛び、転落してしまったのだという。

それほど高い場所からではないのだが、父は昏睡状態のまま運ばれ、駆け付けた家族の顔を見ることなく息を引き取った。

結局、その家の解体工事は中止になった。父には僅かな保険金が下りただけである。

そしてその日を境に、父が写っている写真は、全て真っ黒になった。

結婚式の写真も、新婚旅行の写真も、子供が生まれたときの写真も、全てが真っ黒になったのだ。

原因も修復方法も一切分からないまま、父の写真は片付けられた。

以上が母の話の全てである。

「その家、今でもあるのよ」

場所を聞いて荒田さんは驚いた。仲間の間で、極悪な心霊スポットとして有名な家だったのだ。

「前を通る度に思うのよね。この家がなかったら、今頃父さんはここにいるんだなって。悔しいな、あんなに真面目で強い人だったのに」


ここまでが荒田さんから聞いた話である。

この続きを話したいと言われたのだ。当日、指定された場所に出向くと、かなり痩せた荒田さんが待っていた。

大切な母が苦しみ抜いて亡くなり、その心労から痩せたのだという。

荒田さんは、何か達観した表情で訥々《とつとつ》と話し始めた。


母は癌になりましてね。余命宣告を受けたんです。ある日、僕らに黙ってあの家に乗り込んだんです。

置き手紙を見つけた姉が、僕に電話してきて。駆け付けたら母は倒れてました。

辛うじて意識はありました。数珠とお札と、酒と塩を持ち込んでましたね。

すか。

母曰く、お祓いしてやるつもりだったとか。素人がそんなことできる訳ないじゃないで
僕と姉が泣きながら怒ると、ごめんね、でも何とかしておまえ達に父さんの顔を見せて
やりたかったのって。

ここにいる何かを退治したら、写真が元通りになるんじゃないかなって。

病院に向かう救急車の中で、母は僕らの手を握りながら亡くなりました。

写真の隠し場所を教えたのが最後の言葉です。

姉は結婚が決まってますから、これ以上関わらせる訳にはいかない。やるなら僕なんです。

父の写真を元通りにして、母と並べてあげたい。新婚旅行の写真とか、僕をおぶった写
真とか。

荒田さんは、近いうちに家と決着を付けに行くと宣言した。ついては、姉に連絡を取っ
て、写真が元通りになったか確認してもらってほしい。
面倒を掛けて申し訳ないのですがと頭を下げられた。
決着を付けに行く日をメモすることで返事とさせてもらった。
方法を訊いたのだが、事前にそれを知っていると、後々迷惑が掛かるからと断られた。

その日が来た。
指定された時間に電話を掛けると、泣き声の女性が出た。恐らくお姉さんだろう。
依頼された内容は既に伝わっていたらしく、泣きながら結果を教えてくれた。
全ての写真に、お父さんが戻っていたそうだ。
荒田さんによく似た優しい笑顔だったという。

肌触りの良い壁

園田さんは長年、工務店で働いている。

高校を卒業してすぐに入社し、今年で二十年になる。小さな工務店だが、不思議と家にまつわる厄介な出来事が多い。

この話は、その厄介な出来事の一つである。


それは今から四年前のことだ。園田さんは高校時代の級友である矢野から連絡を受けた。ビルの一画を借りて手作り雑貨の店を始めるらしく、内装工事を任せたいという。

矢野が借りた区画は、雑居ビルの一階だ。場所を聞いて、園田さんは口ごもってしまった。どんな店でも半年保たない物件として、仲間内でかなり知られていたからだ。教えるべきか、商売に徹するべきか迷う園田さんに、矢野は笑いかけてきた。

「知ってるよ。大丈夫、その噂は僕で終わりにするから」

高校時代の矢野がバイタリティーの塊だったのを思い出し、園田さんも笑った。

矢野は、何の根拠もなしに言ったのではなかった。実際に現場に行ってみると、何が悪いのか分からないぐらいの好立地なのだ。

早速、中に入ってみる。採光や風通しにも問題はない。前の借り主が綺麗に使っていたおかげで、大掛かりな改装は不要に思える。

「半年保たずに退店するのって、単純に経営が下手だったんじゃないの？」

矢野が自信満々に言い放つ。確かに、その可能性は否めない。とはいえ、これほど良い条件なのに、全ての店が経営に失敗するのもおかしい。

とりあえず過去を洗い出すまで待ってほしいと頼むと、矢野は苦笑しつつも頷《うなず》いてくれた。

まずは、過去に何人の手を経たかだ。公的な名簿によると、三人も持ち主が変わっていた。当然、店を畳んだ理由までは掲載されていない。

もしも事件性があったとしても、警察が教えてくれるはずがなく、新聞を調べるにも限度がある。近隣の住人に訊いても噂程度しか分からないだろう。

園田さんは、手っ取り早い手段を選んだ。直接、ビルのオーナーに訊ねるのである。誤魔化されるかもしれないが、何らかの手掛かりにはなる。何もないという言質を取っておけば、後で何かトラブルが起きたときの武器にできる。

適当にあしらう気満々で現れたオーナーは、園田さんが工務店勤務と知ると態度が変わった。そんなことまで言って良いのかというレベルで話が始まった。

その中で気になる情報があった。名簿とは異なり、過去に契約した店は四つだった。最初の借り主が名簿に記載されていないのである。オーナーの話によると、当初はＩＴ関連企業の事務所として契約を交わしたらしい。

ところが、何となく様子がおかしい。男女問わず、幅広い年齢層の人間が頻繁に出入りするのだ。どう見てもＩＴ関連とは思えない者も多数見かける。

オーナーには警察関係の知り合いがいた為、正体はあっさり判明した。事務所の正体は、とある新興宗教の集会所であった。

契約違反は明らかであり、退去を命じるのは正当な権利である。とはいえ、相手が素直に受け入れるとは思えない。

オーナーは恐る恐る話し合いを申し出た。ところが、意外にもあっさりと了承され、直ちに退去する約束も得られた。

何一つ揉めることなく退去は完了し、契約違反ということで名簿からは抹消。物件そのものに問題はない。すぐに次の借り主が見つかり、問題は全て解決したと思われた。

ところが何故か、店が続かない。基本的に人通りは良い場所だ。その証拠に、周りの店舗は問題なく営業している。

最初は順調なのだが、しばらくすると客と店員を問わず、女性が体調を崩してしまう。その全員が皮膚関連の病に悩まされた。

並びの店も同じ建材を使っているのだが、全く異常はない。宗教団体が出ていく際、呪いを掛けたのではないか。

そういった噂が広まった結果、自然と客足が遠のき、次々に出退店を繰り返しているのである。

調べた内容を聞いた矢野は、全く気にする様子を見せなかった。室内は杉の羽目板で覆うから、健康被害は防げる自信があると言い切った。

内装工事が始まって二日目。立ち合いに来ていた園田さんに、作業の責任者である伊藤が話しかけてきた。

見てほしいものがあるという。伊藤が向かったのは、事務室になる予定の部屋だ。

奥の壁を軽く叩き、伊藤が言った。

「この部屋だけ壁が二重になってます。コンクリ壁の上に石膏ボード貼ってますね。外しちゃっていいですか」

園田さんは図面を調べてみた。そのような仕様にはなっていない。だとすると、何処かの段階で入居者が勝手に工事したとしか思えない。

羽目板を使わなければ、気付かなかったかもしれない。誰がやったか分からないが、とりあえず工事が先だ。

早速、一部分を剥がしてみる。その途端、異様な臭気が溢れてきた。明らかに腐敗臭である。

「意外と幅取ってありますね。ネズミか何かが入り込んで死んでるのかも」

口元をタオルで押さえ、伊藤が更に壁を剥がしていく。強烈な臭いが部屋中に満ちてきた。

大きく壁が剥がれ、その臭いの原因と思しき物が現れた。見たところ、何かの布である。広げようとした伊藤が仰《の》け反って離れた。

「マジか。これ、皮だ」

伊藤が言う通りである。それは刺青《いれずみ》が施された皮膚であった。他の壁も同じく二重になっており、全部で九枚の皮膚が出てきた。多くは背中だが、腕や太腿と思われるものもある。大きさから判断すると成人男性のものが殆どだが、中には女性や子供と思しきものもあった。

要するに、この部屋は刺青をされた人の皮膚で包まれていた訳だ。

誰がやったかは自ずと明らかである。だが、証拠がない。当然、警察に通報することも考えたが、後が怖すぎる。
園田さんは沈黙を保ち、密かに処分したという。
矢野には言っていない。知っている人間は少ないほうが良いと判断したからだ。
矢野の店は順調に続いていたのだが、今年一杯で閉店することになった。
常連客の一人に勧められ、宗教活動に勤しむ為だという。

顔を上げて

今から五年前のことだ。高井さんは、仲間二人とともにとある心霊スポットに向かっていた。

退屈しのぎで始めた心霊スポット探検が意外に面白く、病みつきになってしまったのだという。

それまでに四回行ったが、結局何も起こっていない。要するに、無料で入れるお化け屋敷みたいなもの。それが高井さんの認識である。

今回もそうなるだろうと予想していた。噂によると、現れるのは女の幽霊。部屋の片隅で膝を抱えて座っているらしい。

何とも寂しい光景だなと笑い合いながら、高井さん達は目的地に着いた。

一見したところ、ごく普通の家屋である。今すぐにでも住めそうなぐらいだ。生憎《あいにく》というか当然というか、玄関や窓は施錠されていて屋内には入れそうもない。

ガラスを割って入るようなリスクは犯したくない。それでなくても、既に不法侵入中である。周りは空き家ばかりとはいえ、誰が見ているとも限らない。諦めて帰るのも面白くないので、とりあえず外周をぐるりと回ってみた。先を行く一人が、急に足を止めた。窓を指さして震えている。

「どうした。さっさと進めよ」

「あれ見ろ。見ろってば」

指さしているのは、大きな窓だ。そこから部屋の様子が丸わかりである。片隅に女が座っているのが見えた。

恐怖よりも、初めて見たという興奮が先に立った。皆が大声で騒ぎ立てても、女は顔を伏せたままだ。

ただ、残念なことに幽霊っぽくない。身体が透けてもいないし、足もある。何処かに傷があるとか、血塗れとかでもない。

どう見ても生身の女がいるとしか思えない。もしかしたら、この家は心霊スポットではなく、あの女性も普通の人間ではないのか。

だが、場所は合っているし、片隅で膝を抱えて座る女という噂通りの状況である。となれば、折角だから後々の自慢話が欲しい。

何とかして、あの女にこっちを向かせる方法はないものか。

三人で知恵を出し合った、これといった方法が出てこない。面倒になった高井さんは、大胆にも女に声を掛けた。

「おい、こっち向いてみろ」

仲間達が、もっとやれと囃《はや》し立ててくる。調子に乗った高井さんは、窓を軽く叩きながら尚も声を掛けた。

「なぁあんた、顔見せてくれよ」

しつこく頼んだが、女は動こうとしない。普段の高井さんは、自他ともに認める穏やかな男だ。それが、自分でも呆れるほど執拗《しつよう》に絡んでいる。

たまたま車が通りかからなければ、ガラスを割っていたかもしれない。

車が通り過ぎるまでの僅かな間だったが、憑き物が落ちたように三人全員が冷静になった。

とりあえず、女を撮影しておこうと決まり、各自がスマートフォンを取り出した。

レンズを向けた瞬間、高井さんは気付いた。

時刻は夜の九時。周辺は空き家ばかりで灯りがない。街灯もなく、お互いの姿が何とか分かる程度だ。

それなのに、そこに女がいると分かるのは何故だ。これほど鮮明に見えるはずがない。どう考えても、納得のいく答えが出てこない。改めて女を見る。相変わらず膝を抱え、俯いている。その姿が唐突に怖くなった。三人は先を争って逃げ出したという。

その後、三人は打ち上げと称して高井さんの部屋で酒を酌み交わした。

先程の恐怖は何処へやら、初めて目撃した霊の話で盛り上がった。

その後、何かしらの祟りがあるかもしれないと覚悟を決めていたのだが、結局のところ体調不良にすらならなかった。

あれほど鮮やかな姿を見せていながら、何も起こらなかったのだ。

本来なら安心して然るべきなのだが、今一つ面白くないのは確かだ。

新しい心霊スポットも訪ねてみたが、どうにも心が動かない。

頭に浮かぶのは、膝を抱えた女のことばかりだ。とうとう高井さんは、単独であの家に向かった。

近くに車を止めたときから、既に胸がときめいているのが分かる。

辺りを見回し、人気のないのを確認し、一気に窓へ進む。

いた。あの女だ。片思いの人に再会したような気になったという。

しばらく観察していたが、今回も微動だにしない。

何とかして、あの顔を見てみたい。高井さんは、その日から毎晩のように通い詰めた。

念を込めたり、音楽を鳴らして気を惹いたり、強力な懐中電灯で照らしてみたり、ありとあらゆることを試してみた。

結果はいずれも失敗。それどころか、高井さんは不審人物として通報されてしまったのである。

職務質問を受けている際、咄嗟《とっさ》に口から出た嘘が、高井さんに天啓をもたらした。

高井さんは週明けを待って、この家の持ち主を調べた。幸い、表札の下に管理会社の注意書きが貼り付けてある。

皮肉にも、不法侵入する者への警告文であった。

高井さんはその足で管理会社に出向き、賃貸契約を結んだのである。

家一軒としては破格の賃貸料だ。当然、その理由も説明された。

高井さんが全く気にならないと答えると、担当の男性はあからさまに安堵の表情を見せたという。

こうして高井さんは、正々堂々とあの家に入る資格を得た。

誰に気兼ねすることなく、いつでもあの女を観察できる。それも間近でだ。何なら、昼間はどうなっているかも見られる。

高井さんは深呼吸して気持ちを整え、家の玄関を開けた。埃が積もった黴臭い廊下をあの女がいる部屋へと進む。

扉は開いている。中を覗き込む。いた。膝を抱えて座っている。

高井さんは、そっと女に近づき、真横に座った。

そのまま、まるで恋人のように話し続け、夜を過ごしたという。


今現在、依然として高井さんはその家で暮らしている。

相変わらず女は顔を上げようとしない。だからと言って、諦めるつもりはない。成仏させる為に供養するなんてとんでもない。

いつの日か、心が通じ合えば顔を見せてくれるに違いないからだ。

少なくとも、高井さんはそう信じている。

ちなみに、家には女以外の霊もいる。真っ黒だから性別や年齢は分からないが、二階の奥の間で延々と逆立ちしているそうだ。

寝る風呂

高山さんが引っ越したのは、昨年の冬。

希望通りのマンションが見つかったのだという。その希望とは、ただ一つ。大きな風呂で、ゆったりと入浴を楽しめることである。

高山さんは温泉巡りを生涯の趣味と決めている。キツい仕事を頑張れるのも、それが温泉旅行の費用になると割り切れるからだ。

だが、仕事が立て込んでくると、頻繁に旅行に行けないこともある。

そういうときに限って、気持ちが滅入る失敗をやらかすものだ。

温泉への思いを抱きながら、縮こまった状態で浸かる風呂は、身体しか温まらない。かといって、スーパー銭湯まで行くのは面倒だ。

毎日、足を伸ばせる風呂に入りたい。

その思いは冬が近づくにつれ、いやが上にも増していった。

暇さえあればマンションの情報を見るようになったのは、この頃からである。

独身者向けマンションは、殆どがユニットバスだ。ある程度の大きさはあっても、足を伸ばしてゆったりと浸かれるような風呂はない。

ファミリー向けのマンションなら、望み通りのサイズはあるだろうが、賃貸料の負担が大きい。

半ば諦めながらも、町を歩くときは必ず不動産屋の前で立ち止まってしまう。

十二月の頭、いつものように眺めていた店頭で、高山さんは目を疑う物件を見つけた。

ファミリー向けでありながら、破格の賃料だ。風呂の大きさは希望以上である。これを逃せば、二度と巡り会えないだろう。

高山さんは、勢い込んでドアを開けた。ありがたいことに、部屋はまだ空いている。

今すぐにでも入居したいと申し出た高山さんに、担当者の男性は微妙な表情を返した。

あれよりも広い部屋で、駅に近い物件がありますが、などと言う。

薄々気付いていたが、やはり瑕疵《かし》物件なのだろう。

高山さんが単刀直入にそう言うと、男性は正直に話し始めた。

「あれは客寄せの看板みたいなものでして。あるのは間違いなくあるんですよ。瑕疵物件ではないんです。ただね、お風呂に入ってると、妙に眠くなるそうなんです。人によっては一分も掛からずに寝てしまう。あ、でもそれで溺れて死ぬとかじゃないです。ただ起きられないだけで。お湯が冷え切って、ようやく目が覚めるそうです」

何だそれ。

高山さんは吹き出しそうになるのを必死で堪え、それぐらいなら何とかするからと契約したのである。

何ともならないことが分かったのは、入居した夜であった。

独身男性には些か広すぎる部屋だが、将来的に家族ができたときは打って付けだ。そのときを想像しながら、高山さんは風呂場へ向かった。

もっと早くから入りたかったのだが、敢えて自分自身をじらしてみたのだ。

ドアを開ける。思わず溜め息が出た。

湯を張った浴槽が、自分だけの温泉に見えた。掛かり湯をして、ゆっくりと身を沈めていく。

「くぅぅ、食いつく食いつく」

これだ。これこそが風呂だ。この物件を見つけた俺偉い。

……と、そこで記憶が途切れた。

気が付くと水風呂に浸かっている自分がいた。

身体の芯から温まるはずの風呂で、歯の根が合わないぐらいの寒さに襲われ、高山さんは慌ててシャワーに手を延ばした。

適温のはずのシャワーは、限界まで冷え切った身体には熱湯である。

悲鳴を上げて避けた拍子に転んでしまい、苦痛の声を上げる。

まことに賑やかな入浴となってしまった。


どうにか落ち着いた高山さんは、風呂場のドアを睨みつけながら記憶を取り戻そうとした。

だが、どう頑張っても、この物件を見つけた俺偉い——から後が思い出せない。

これヤバいな。瑕疵物件になるような出来事がないことが、逆に怖い。何かあったほうがむしろ理解できる。高山さんは、どうするか自分自身に訊いてみた。

逃げるか、抗うか。

抗う。やられっ放しは性に合わない。折角捜し当てた宝物を手放す気にはならない。

ならば、どうやって戦うか。

翌日から高山さんの決死の戦いが始まった。

とにかく寝なければいい。まずはテレビを見ながら入浴。これは三分で粉砕された。

熱いコーヒーを飲みながら入浴。目覚めたとき、アイスコーヒーになっていた。

本を読む。気付いたら本は、浴槽の底でふやけていた。

スマートフォンのアラームをセットしておく。これは、やや有効だった。確かに一度目覚めたのだが、二度寝してしまった。時間を変えて何度も鳴らしたが、二度寝が三度寝、四度寝と増えていくだけである。

連戦連敗である。こりゃもう駄目だな。

諦めた高山さんは、せめて少しでも温まるように、バスソルトを入れた。

初勝利。

驚くほどの効き目があった。思う存分、風呂を楽しんだ高山さんは、全裸のまま歓声を上げたという。

今現在も高山さんは、そのマンションで暮らしている。

バスソルトに関して豊富な知識を誇っている。

除霊に使うなら、マグネシウムが豊富なバスソルトがお勧めとのことだ。

かまぼこ

その日、河野さんは故郷へ向かっていた。新型コロナの影響で、一年半ぶりの帰省である。

年老いた両親に会うのが一番の目的だが、もう一つやらなくてはならないことがあった。

高校時代からの親友である児島の墓参りだ。児島は地元で就職し、早くに結婚して家族を作っていた。

確か、十七歳の娘と十五歳の息子がいたはずだ。写真で見ただけだが、奥さんも美しい人だった。

仕事も順調で、何もかも上手くいっていた。

それなのに、児島は死を選んだ。しかも一家心中だという。底抜けに明るく、笑顔が絶えない家庭が、死を選んだのは何故か。

当時の友人達に訊いてみたが、何一つ分からないらしい。

河野さんは両親との再会を十分に堪能した後、児島の家へ向かった。

前もって電話で訪問の許可は得てある。電話口に出たのは、奥さんのほうのお身内だった。

祖父に当たる人で、竹内と名乗られた。来訪の目的を告げると、竹内は二つ返事で了承してくれた。

死を選んだ理由も教えてくれるという。

玄関先で出迎えてくれた竹内は、いかにも田舎の爺さんという風貌であった。

竹内は、河野さんを仏間に案内しながら、まずは簡単な自己紹介を始めた。

この家は、いずれ土地ごと売却されるのだが、金の取り分で揉めに揉めているらしい。

竹内は、その間の掃除や庭の手入れなどをやっているとのことだ。

「ほっといてもええようなもんやけどな、里佳子が好きやった庭やからな」

里佳子というのは奥さんの名前である。仏間に向かう途中に子供部屋があった。アイドルのポスターや、本棚を埋め尽くす漫画など、平凡だが幸せな家庭そのものである。

「ほい、ここや。どうぞ拝んだってや」

鴨居の上に遺影が並べてある。妻と娘と息子、かなり離れて児島。意図が分からず、首をひねる河野さんを見た竹内は、愉快そうに笑った。

「おもろいやろ。こいつだけ離されとんねん。写真だけやないで。ほれ、御位牌を見てみ」

竹内が言う通りである。確かに、位牌の並べ方もおかしい。三つが寄り添うように配置され、もう一つは——もう一つは、そもそも位牌ではなかった。

どう見てもかまぼこ板である。それに筆で戒名が書いてあるだけの代物だ。

これは一体どういうことか。余りにも酷いではないか。河野さんは、思わず問い詰めてしまった。

「まあ待ちなはれ。ええか、よう聞いときや」

この男はな、職場の女と不倫しよったんや。それが相手の旦那にバレて、えらいこと詰められよった。

不味いことに、その旦那がヤクザに仲裁頼みよったから、どえらい金を請求されてな。

家族には言えんから、サラ金から借りまくって。金は払えたんやけど、取り立ては来よるわな。

職場にも取り立てが来て、結局全部バレてもうた。

ほいでもな、里佳子はこの家を売ってでも借金返しましょうと。

ほんまやったら芸大に行きたかった娘も、就職して給料入れるからと。

息子もバイク買おうと思って貯めてた貯金全部下ろして。

そんだけのことをしてもろうたのに、このクソはその女に誘われて、また寝よったんや。

もうあかんなと。これはもう、病気やと。別れたほうがええでと親戚中に言われて、里佳子も決心したんや。

このままやと娘も息子も不幸になるからってな。

それを言われた翌日や。このクソは家族全員で最後のドライブがしたいとか言うて連れ出して、そのまま崖から落ちよったんや。


荒ぶる気持ちを抑える為か、竹内は深呼吸を繰り返した。

すっと真顔に戻り、竹内は話を続けた。


ほいでもな、死んだからには皆ホトケさんや。

この家も、もうすぐ売られるけど、それまではここで過ごさせたろと思うてな、仏壇置いて御位牌並べてん。

そしたらな、このクソのを並べた途端、パキーンって割れたんや。

縦に二つやないで。横に二つ折りや。そやな、貝殻みたいな感じや。

そらもうビックリしたで。何かの拍子で、乾燥してたのが割れてもうたんかもと思うてな、新しいの買うてきて並べたんや。

そしたらまたパキーンて。

ああ、これは怒っとるなと。一緒に並べてほしないんやなと。

そやから、もう位牌は買い替えんと、手頃な板にしたんや。わし、かまぼこ好きでな。板ならなんぼでもあんねん。

それにチョチョイって筆ペンで戒名書いてな。ひょっと間違って近づけたらパキーンってなるけど、かまぼこ板やからな。

惜しくも何ともない。

そや、いっぺん見したろ。


そう言って竹内はかまぼこ板を三つ並んだ位牌の横に置いた。

間髪を入れず、板は二つ折りになった。

だからこそ、遺影も離してあるのだという。

となると、墓はどうしているのか。骨壷を離しておけるほどの空間はないはずだ。

「ああ、墓かいな。あのな、クソを墓に入れるなんてアホなことするかいな。クソはクソらしく、肥料にしたった。おかげで大きい柿ができたで」

児島は、死んで花実を咲かせた訳だ。

置いてきぼり

それは今から七年前のこと。

西岡さんは大学を卒業し、社会人になったばかりだった。真新しいスーツに身を包み、満員電車に揺られて出勤する。

それだけでも疲れる上に、会社では慣れない仕事で緊張の連続だ。残業が続き、定時に退社するのは稀であった。

たまの休日は自宅から一歩も出ずに、映画や音楽でストレスを解消していた。

一人息子のそんな姿に呆れたのか、両親はしきりに外出を勧めてくる。

たまにはお日様を浴びなさいとか、散歩しなきゃ足腰が鈍るぞとか、分かり切ったことばかり言ってくる。

無視しても良いのだが、確かに少しぐらいは外に出るべきだと思い直し、西岡さんは散歩に出た。

目的地は近くの公園。すぐ後ろに大きな森もあり、絶好の散策コースだった。

日曜日のせいか、家族連れが多い。何処も皆、幸せそのものだ。西岡さんはベンチに座り、そんな幸せの群れを眺めていた。

しばらく眺めているうち、その群れに属さない二人の子供に気付いた。

大抵の子供は親と遊んでいる。そうでなければすぐ近くに親がいる。勿論、子供達だけで遊びにくることもあるだろうが、その二人はそれが可能な年齢に見えない。どうやら姉と弟のようだ。姉は四、五歳、弟は三歳になったかどうかといったところだ。

保護者が付いていない訳がないのだが、それらしき大人が見当たらない。

自分には関係ないことであり、気にせずに帰ればいいのだが、西岡さんはそれができない性格だった。

そもそも子供好きなのである。もう少しだけ時間を置いて、本当に二人だけなら自宅まで送り届けてあげよう。昨今、下手に子供に声を掛けると通報される可能性もあるが、このまま放置してはおけない。警察が来たら来たで、後を任せればいいだけだ。

そこまで決め、腰を据えて二人の様子を見始めた。どうやら弟は足が悪いらしい。姉が気遣い、常にすぐ近くにいる。

ブランコや滑り台などを避けるのは、そのせいだろう。砂場の片隅で何か作ったり、森の近くで落ち葉を拾ったりしている。

少し陽が陰ってきた。何組か家族連れが帰っていく。相変わらず二人の保護者は現れそうにない。

西岡さんは腰を上げ、二人に近づいて声を掛けた。

「ねえ君達、お父さんとかお母さんとか迎えに来るの？」

唐突に声を掛けられ、姉のほうは怯えた様子で顔を上げた。弟は無心に砂で遊んでいる。

「あ、ごめんね、急に。お兄さん、変な人じゃないよ。お家まで帰れる？　大丈夫かな？」

西岡さんは精一杯優しい顔で会話を続けた。姉のほうは安心したらしく、たどたどしい口調で返事を返してくれた。

家はすぐそこ。余り早く帰ると、おかあさんとおっちゃんが怒るから、もう少しだけここで遊んでく。

この二人が置かれた環境が想像できる内容である。姉の手の甲に、火傷の痕がある。丸い形だ。恐らく、煙草を押し付けられたのだろう。

弟のほうも、髪の毛がむしり取られたように禿げている。それと、足首が紫色に膨れていた。

虐待されているのは間違いない。西岡さんは胸が詰まった。

だとしたら、今すぐ家に送り届けるのは、この子達にとって迷惑な行為なのかもしれない。

西岡さんは自宅に電話し、少し帰宅が遅くなると伝えた。せめて、この公園を出るまでは見届けるつもりだった。

それから一時間。夕焼けが辺りを赤く染め始めた頃、ようやく二人は公園を出た。幸い、西岡さんの家がある方角に向けて歩いていく。

西岡さんは僅かに遅れて後を追った。二人はレストランのサンプル品を眺めたり、コンビニに貼られている弁当のポスターに見入ったりしながら歩いていく。空腹なのは間違いない。何か買ってあげようかと思ったが、それが元で二人に何か良くないことが起こるかもしれない。

ではこの先、自分に何かできるのだろうか。虐待が事実だとしたら、それを通報するぐらいのことは可能だ。

けれどもその為には、ずっと家を見張っておかねばならない。休日に二、三時間だけでは何の役にも立たない。

通報した結果、事が上手く運べばいいが、逆に事態を悪化させる場合も多い。ニュースとかでよくあるではないか。児童相談所が虐待の事実を知った上で、どうにもできずに悲しい結果を招いてしまう。

色々な言い訳を考えているうち、二人は家に着いた。驚いたことに、それは西岡さんの自宅のすぐ側にあるアパートであった。

これで言い訳が全て無効になった訳だ。


帰宅した西岡さんは、両親に全てを話した。両親の返事に西岡さんは再び驚かされた。既に両親は知っていたのである。二週間ほど前に引っ越してきたときから、町内では問題になっていたという。

母親と子供は血が繋がっている。男が一人いるが、父親ではない。仕事も何をやっているか分からない。

子供達の泣き声や悲鳴は昼間に聞こえてくる。夜は母親と男が一緒に出かける為、子供だけが残される。

「だからあんたが帰ってくる頃は静かなのよ。休日も一緒。子供は朝からずっと外にいる。母親と男が昼間っから何かしてるらしいよ。客を取って売春してるって噂もあるね」

余りにも悲惨な事態に西岡さんは言葉を失った。二人の顔を思い出した途端、猛烈に怒りがこみ上げてきた。

このままだと殺されてしまう。町内全員で立ち上がれば何とかできるのでは。

母は沈痛な顔で黙り込んでいる。父は腕を組み、目を閉じたままだ。

両親の気持ちは理解できた。自分自身も、関わらずに済む言い訳を探していたからだ。両親や町内の人の協力がなければ、どうにも動きようがない。仕事を休んで、昼間ずっと見張り続けるなど不可能だ。

重い気持ちを抱えたまま、西岡さんは自室に戻った。不味いことに、二人のアパートが窓から見える。

カーテンを引いて西岡さんは眠りに就いた。

その後、西岡さんは日曜日の散歩を止めた。何処かであの二人を見かけるかもしれないと思うと、外出する気力が失せるのだ。

寝る前にカーテンの隙間から、一瞬だけアパートを見る。あの灯りの下で、二人は身を寄せ合っているのだろう。

自分が何とかしようという意欲は既にない。ただ、ここから無事を祈るだけであった。

そんな日は唐突に終わりを告げた。

あの一家が引っ越したのである。情報は瞬く間に町内で共有された。西岡さんは母から聞いた。

「借金取りみたいな人がしょっちゅう来てたらしいわよ。引っ越しというか、夜逃げよね。

あの女の子もちゃんと連れていったそうよ」

それは良かったと言えるのか。とりあえず、置いてきぼりよりは良いのかもしれない。

そう自分を納得させかけたところで、西岡さんは気付いた。母は、あの女の子もと言った。弟はどうしたのだ。

「はぁ？　弟なんていないわよ。女の子が一人だけよ」

何を言っているのだろう。足が不自由な弟がいたじゃないか。そう力説したが、母は取り合ってくれない。

帰宅した父に言っても、反応は同じだった。

翌日、近所の人達に訊ね回ったが、全員が女の子一人だったという。

ならば自分が見た男の子は、一体誰だったのか。たまたま出会った赤の他人とは思えない。

訳が分からないまま、一日を過ごし、西岡さんは自室に戻った。

何となくカーテンを開け、アパートに目をやる。いつもと違い、灯りが点いていない。

窓のすぐ内側に、あの男の子がいた。顔だけ覗かせて外を見ている。

ほら、やっぱりいた。いや、何故いるんだ。

見間違いではない。確かにいる。もしかしたら置いていかれたのかもしれない。

もう一度、目を凝らして見た。男の子は泣いていた。

可哀想に、泣いているじゃないか。

——何故、泣き声が聞こえるのだろう。アパートとは結構な距離がある。窓が閉まっているのに聞こえるはずがない。

というか、真っ暗な部屋なのに明瞭に顔が見えるのもおかしい。

西岡さんは、そろそろとカーテンを閉めた。アパートが見えなくなるのと同時に泣き声も聞こえなくなった。

二日後、恐る恐る確認すると、まだ男の子は泣いていた。

一週間後。一カ月後。何日経とうが、男の子は泣いていた。

半年程経ち、アパートそのものが取り壊された。その後は駐車場になっている。

西岡さんは、自宅を出て一人暮らしを始めた。

男の子がどうなったかは確認していない。

透明な横山さん

去年、楠田さんは新しい町に引っ越した。マンションの林立に伴い、人口が急増している町である。

通勤時などは駅前が人で溢れかえるほどだ。とはいえ、賑やかなのは夕方まで。夜半になると静かなものであった。

通りを挟んで真向かいに、赤木という老人がいる。楠田さんは赤木の孫娘に似ているらしく、いつも可愛がられていた。

このように暮らしやすい町なのだが、一つだけ気になることがあった。

楠田さんの斜め向かいのマンションにいる横山という女性だ。横山さんは楠田さんより少し遅れて住人になった。

程なくして、横山家の家庭内暴力が近隣住民全員に知れ渡った。罵声、悲鳴、何かが壊れる音などが、窓を閉め切っていても聞こえてきたからだ。誰かが通報したらしく、警察が来たこともあったのだが、全く役には立たなかった。横山さんは精神的な暴力を受けており、肉体的な傷などは一切なかったのだ。結局、警察は話を聞いた程度で帰っていった。

その日を境に、更に暴力は勢いを増した。早朝から怒鳴り声が聞こえてくるときもあった。楠田さんも何か力になれないかと案じ、色々な情報を調べていたという。

そんなある日のこと。

ゴミ集積場の掃除当番になっていた楠田さんは、朝から外に出ていた。

集積場は横山家が暮らすマンションの真下にある。おかげで朝から怒鳴り散らす声が聞こえてきた。

「おい、今日は生ゴミの日だろ。おまえ、集積場で座ってろよ。持っていってくれるから」

聞いているだけでムカついてくる。楠田さんは眉間に皺《しわ》を寄せて掃除を続けた。

しばらくして、何もなかったかのように穏やかな顔で夫が出てきた。何食わぬ顔で楠田さんに挨拶し、駅へと向かう。

掃除を終えた楠田さんが自宅のドアを開けようとしたとき、背後で足音が聞こえた。何となく振り向くと横山さんがいた。

蒼褪めた顔で、夫が歩いていった方向をじっと見つめている。

声を掛けるなら今だ。せめて話だけでも聞いてあげたい。意を決した楠田さんは通りを渡ろうとした。

そのときだった。横山さんの隣で妙なことが起き始めた。空間が歪んでいるのだ。目を凝らすと、陽炎《かげろう》のようなものがある。

陽炎は刻々と大きさを増していく。横山さんが何事か呟く度、その陽炎は濃くなっていった。

最終的に、かなり濃度を増した陽炎は、するするとその場を離れて駅前のほうに動いていった。

それに気を取られている間に、横山さんはマンションに戻っていた。

あれは一体何だったのだろう。ぼんやりと駅のほうを眺める楠田さんの隣に、いつの間にか赤木が立っていた。

赤木は楠田さんをじっと見つめながら言った。

「あれ、見たのかい。何だと思う」

「あれって、あの透明な？　陽炎みたいな奴のことですか」

赤木は軽く頷き、話を続けた。

赤木は早朝の散歩を日課にしており、何度もあれを見ているそうだ。状況はいつも同じである。夫が出勤し、少し遅れて横山さんが出てくる。

その隣にあれがいる。横山さんが何事か呟くと、あれの色が濃くなってくる。白濁するときも少なからずあった。

赤木は余りにも気になった為、あれの後を追ったことがあるそうだ。

あれは人混みの中に紛れ込み、ふわふわとその場に漂っていた。

行き交う人々に触れる度、色が薄くなり、徐々に小さくなっていく。

五分も掛からずに消えてしまったという。

「色々と想像はできるけど、実際のところは分からん。とりあえずは、そっとしておくしかない。わしら、何もしてやれんからな」

その後も横山さんは、あれを世の中に放ち続けた。

それは、横山さんがマンションから飛び降り自殺するまで続いた。

今は横山さん自身が現れている。

既に夫は引っ越してしまい、空き部屋になったのだが、横山さんはまだ居残っているようだ。

毎朝律儀に現れて、駅前に漂っていく。

少しずつ色が薄くなっており、そのうち消えるだろうと言われていたのだが、一カ月前に事情が変わった。

空き部屋に家族が引っ越してきたのだ。両親と幼い女児である。

女児は虐待されているようで、一日中泣き声や悲鳴が絶えない。
この家族が暮らし始めてから、横山さんは駅前に漂うのを止めた。
今はベランダに佇《たたず》み、時折、室内に入っている。

二人きり

心から愛しているのに、何故やってしまうのか。

阿部さんの話は、そんな言葉で始まった。私の取材は、このような始まり方が多い。

今回もそれだなと覚悟を決め、話の先をお願いした。

これは、阿部さんと奥さんの奈那子さんに起こった出来事である。


心から愛しているのに、何故やってしまうのか。妻に暴力を振るう度、そう思うんです。

一昨日も髪の毛が抜けるほど引っ張ってしまった。左目が腫れるほど殴る気もなかった。

怯えながら、こっちを睨みつける目を見てると頭が真っ白になっちゃって。

最初はこんなではなかったんですよ。自分で言うのも何ですが、平凡だけど笑顔の溢れる家庭でした。

切っ掛けはテレビ番組です。産まれたばかりの赤ちゃんを訪問するというシーンが流れて。

うちは子供がいません。あ、僕のせいじゃないです。奈那子が不妊治療してます。

奈那子はいつも、赤ちゃんに恵まれないのは私が悪いからと言うんです。でも僕は責めたりしなかった。精一杯労り、慰めた。

だのに謝るんだ、あいつは。もう良いから未来に目を向けようと言ってるのに、ぐだぐ

だと卑屈に謝るんだ。

そんな姿を見てると、イライラしてイライラして、我慢できなくなるんですよ。その番組を見た後も涙を流して謝ったんです。だからつい手が出てしまった。あいつは口ごたえすらしなかった。

これってつまり、僕が正しくて、DVさせたのは奈那子自身ってことでしょ。

普通、そう思うじゃないですか。

ところがね、実は違ったんです。ここからは信じてくれなくて良いです。誰かに聞いてほしいだけですから。

奈那子は悪霊に取り憑かれているんです。僕、見たんですよ。

その日もつい殴っちゃって、奈那子は台所で倒れたまま起きようとしなかったから、ほっといて寝室で寝てたんです。

そしたら、夜中に何か唸り声が聞こえてきて。小さい音なのに、妙に耳につく。うるさくて寝られない。明日も仕事があるってのに。折角落ち着いていた気持ちを逆撫

でされて、ムカつきました。

　これはちゃんと教育してあげないと、他で恥をかくでしょ。だからこれに関しては、相手のことを思う愛情です。

　ところがですね、驚いたなあ。台所に行ったら、奈那子の側に女が立ってたんですよ。見たこともない女です。それが奈那子にこう言ってました。

「おまえが悪い。何もかもおまえのせいだ。最低の女め」

　何度も繰り返してます。唸り声に聞こえたのはこれだったんです。声かける度、奈那子がピクピク動く。それが何か怖くて、じっとしてました。

　五分程して、奈那子が身体を起こしたら、その女はフッと消えました。奈那子はその場で座り込んだまま、何かブツブツ言ってる。

　私が悪い、何もかも私のせいだ、最低の女なんだ、とか。さっき自分が言われたばかりのことを繰り返してる。

　ああそうか、なるほどなと。

　こうやって、あの女が言い聞かせていたから、奈那子は卑屈になったんだ。

　だったら、あの女の霊を消したら、昔みたいな奈那子に戻るのかも。

　そしたら、僕はもう奈那子に暴力を振るわなくなるんですよ。

ここまで一気に話し、阿部さんは一息ついた。その一瞬を逃さず、私は前もって断りを入れた。

霊媒師を紹介してほしいという相談なら、私にはどうにもならないということ。

これだけは明確にしておかねばならない。

「え？　いや、そんなの頼みません。お祓いなんかしちゃったら、奈那子、元通りになっちゃうでしょ」

意味が分からず、じっと見つめていると、阿部さんはクスクス笑いながら話を再開した。

僕は今のままで良いんです。奈那子は今のほうが素直で良い妻だし。殴ると、僕のストレスも解消するし。

上手くやれてるんです。我が家に起こったことのお話は以上です。

あ、僕、そいつの写真撮ったんですよ。見ます？　ほら、これ。この黒い人の形してるのがそうです。

写真だとこうしか写らないんだよなぁ。こういうのを上手く撮る方法ってないですかね？

それが阿部さんの相談だった。

その後しばらくして、再び阿部さんから相談を受けた。

参ったな。くそ。奈那子がね、出ていったんです。昨日、弁護士事務所から内容証明で離婚調停に応じろって手紙が来てました。

くそ。くそ。そんな金払えるかってぇの。

それでね、参ったのは、あの女が家に残ってるんですよ。奈那子に憑いていかずに、家にいるんです。

あれ何なんですかね。どうしたいんだ。訳分からん。おまえなんかと二人きりになりたくねぇっての。

おまえが悪い、何もかもおまえのせいだ、最低の男めとか好き放題言いやがって。

くそ。ふざけんなよ、くそ。くそ。

話が進まないようなので、私は詫びを言ってその場を離れた。私が離席したのも気付かず、阿部さんは呟き続けていた。

親孝行な娘

貴子さんは、今年五十五歳になった。一人娘の奈津美さんは三十歳である。いつ嫁いでくれても構わないのだが、どうやら本人にその気がないようだ。

今の仕事が楽しいからだと笑っているが、そうではない。全ては自分のせいだと貴子さんは日々悔やんでいる。

事の始まりは二十五年前、夫である俊夫さんを亡くした頃まで遡る。

当時、奈津美さんは保育園に通っていた。貴子さんも俊夫さんも働いていた為、送り迎えはどちらかの都合に合わせていた。

その日は、俊夫さんが迎えに行く番であった。奈津美さんと手を繋ぎ、保育園の出来事を訊いたり、歌を口ずさんだりしながら帰るのが常だ。だが、その日は違った。目撃していた人の証言では、奈津美さんは公園に行きたいと駄々をこねていたらしい。

実際に、どういった経緯を辿ったかは不明だが、その日が俊夫さんの命日になった。

公園に行く途中、居眠り運転の車が二人を襲ったのである。俊夫さんは我が身を挺して奈津美さんを守り、自らは帰らぬ人となった。

三日三晩泣き明かし、貴子さんは現実を受け入れた。まだはっきりと死というものが分からない奈津美さんも、父親の遺体に触れて何か悟ったようだ。葬儀の間中、押し黙ったまま貴子さんから離れなかった。

突然、二人きりになった母娘に、世間の風は冷たかった。加害者も死亡したのだが、最悪なことに任意保険に加入していなかったのだ。

遺族も財産放棄して逃げ出した為、貴子さんの生活はたちまち困窮を極めた。

それまで暮らしていたマンションから安いアパートに引っ越し、貴子さんは必死で働いた。風俗の仕事に就こうかと悩んだこともあったが、奈津美さんは慢性の小児喘息を患っており、夜遅くに一人きりで留守番させるには不安が大きすぎた。複数のパートを掛け持ちし、空いている時間に家事をこなし、身を粉にして生き抜いてきたという。

それは、奈津美さんが小学校を卒業した日のこと。

奈津美さんが眠ってから、貴子さんは俊夫さんの遺影に卒業式の様子を報告していた。俊夫さんが大好きだった缶ビールを一本だけ買い、コップを二つ用意して乾杯する。生きていた頃は、こうやって晩酌に付き合うのが本当に楽しかった。

あなた、私頑張ってるわよ。

ふと漏らした呟きで胸が一杯になる。と同時に、これから先の不安が湧き上がってきた。

可能ならば大学に行かせてやりたい。人並みの幸せは無理かもしれないが、できる限りのことはしてあげたい。

もっともっと、頑張らなければ。だけど、何だか少し疲れてしまった。

封印していた心の扉を酒が開けてしまい、愚痴と弱音が止まらなくなった。

どうして私がこんな目に遭わなきゃならないの。私の大事な俊夫さんが何をしたというの。

貴子さんの暗い思考は、徐々に過去を遡っていく。

あの日、ほんの数分ずれていれば、俊夫さんは事故に遭わなかった。というか、あの場所に行かなければ良かったんだ。

いつもみたいに真っ直ぐ家に帰っていれば、今頃は向かい合って乾杯できたのに。

貴子さんは、すやすやと眠る奈津美さんを睨みながら呟いた。

「あんたが公園に行きたいなんて言うからよ。今、死ぬほど苦労しているのは、あんたのせいだわ。あんたが死ねば良かったのよ」

言ってしまってから、貴子さんは愕然とした。そんなことを思う自分が恐ろしくなり、トイレに駆け込んで吐いてしまった。

トイレから戻った貴子さんは、奈津美さんの枕元に立つ人影に気付いた。それはどう見ても貴子さん自身である。

ただし、色がない。白黒写真がそのまま出てきたように見えたという。

白黒の貴子さんは、ぼそぼそと何事か囁《ささや》いている。聞き取れないほどの微かな声なのに、何を言っているか全て分かった。

「あんたが公園に行きたいなんて言うからよ。俊夫さんの代わりに、あんたが死ねば良かったのよ」

ほんの数分前に自分が呟いてしまった言葉を何度か繰り返し、白黒の貴子さんはじんわりと消えていった。

酔った頭が見せたにせよ、余りにも酷い幻覚に貴子さんは自らを恥じた。

気をしっかり持たなければ。俊夫さんが命を懸けて守ってくれたんだから。あんな幻覚、二度と見てたまるか。

けれど次の夜、白黒の貴子さんは再び現れた。奈津美さんの枕元に立ち、見下ろしながら死ね死ねと呟く。

恐る恐る近づくと、白黒の貴子さんは初日と同じように消えた。

今夜は酒など飲んでいない。意識は明瞭だ。幻覚を見るような精神状態ではないと言い切れる。

もし、もう一度見てしまったら、そのときは病院に行ってみよう。

そう心に決めて次の夜を迎えた。それほど長く待つことなく、白黒の貴子さんは現れた。

三度目ともなると、じっくり観察する余裕があった。消えてしまう前に近づいてみる。

自分自身の顔を間近で見た貴子さんは、言葉を失い、唇をかみしめた。

白黒の自分は、死ね死ねと呟きながら涙を流していたのだ。

病院で治療を受けたら、この白黒の自分は消せるかもしれない。

けれど、果たしてそれで良いのだろうか。しっかりと向き合うべきではないのか。

答えが見いだせないまま時が過ぎていく。

そんなある日のこと。授業参観に出席する為、貴子さんは教室に向かった。廊下に絵が掲示してある。美術部の生徒が描いた親の顔らしい。奈津美さんも美術部員である。名前を探すまでもなく、絵はすぐに見つかった。

そこに描かれたのは確かに自分である。絵の中の貴子さんは白黒であった。色を塗り忘れた訳ではない。背景は群生した彼岸花だが、そちらは鮮やかな赤に塗られている。どういうつもりで描いたものなのか、貴子さんは帰りの道で思い切って訊いてみた。

「え？　そういえば何でだろ。分かんない。何となく、白黒のお母さんのイメージが湧いてきたの」

その夜も白黒の貴子さんは現れた。いつものように、死ね死ねと呟く。

嫌悪感に顔をしかめながら見つめていた貴子さんは、ふと気付いた。

目の前の自分は、あの絵と同じ服を着ている。

ああそうか。娘は気付いているんだ。それを知らせる為に、あの絵を描いたのだろう。

白黒の自分と同じように涙を流しながら、貴子さんは奈津美さんに土下座したという。

反省し、心を入れ替えたはずなのだが、白黒の貴子さんは消えてはくれなかった。

あれから何十年も経つのに、今でも現れる。奈津美さんの枕元に立ち続けている。

娘と話し合わずに逃げたのだから仕方がない。

せめて死ぬときは、あの白黒の自分を連れていこう。

それが貴子さんの出した結論である。

黒い後悔

こんな仕事をしてると、悲しいものも沢山見るわねぇ。

増山さんはそう言って寂しく微笑んだ。

増山さんは、社会福祉士である。とある総合病院を勤務先として、社会的に弱い人達の相談に乗ってきた。

いわゆる医療ソーシャルワーカーと呼ばれる人だ。

増山さんには他の福祉士とは異なる能力があった。対象者の背後にいるものが見えるときがあるのだ。

背後霊などとは程遠い、単なる黒い塊だ。全員漏れなく付いている訳ではない。これが付いている人は、必ずと言って良いほど恨みや妬みなどの負の感情に囚われている。今までの経験上、そういった負の感情が強ければ強いほど、より黒く大きな塊になるのは分かっていた。

増山さんは、それを対象者の現状を知る目安にしていたという。

あくまでも目安である。それがどうあれ、対応を変える訳ではない。何とかして相談者全員が、穏やかな日々を過ごせるよう力を尽くす。

相談を繰り返し、前向きに歩き始めると、その塊は徐々に薄れていく。完全に消える人もいれば、微かに残る人もいる。

中には、どうやっても駄目な人がいる。本人の努力や、周りの応援があるにも拘らず、どうしても現状を変えられない。

そんな人の塊は、黒の深みが違う。大きさも人間一人を丸のみできるぐらいだという。


二年程前のこと。今まで見た中で、一番黒い塊を持つ女性が相談に現れた。増山さんが、思わず身構えてしまったぐらいだ。

中村順子、四十二歳である。順子は母親と二人暮らしだ。料理が好きで、自分の店を持つのが若い頃からの夢であった。

その為の努力を惜しまず、経験を積んできたのだが、思わぬ落とし穴が待ちかまえていた。好意を持つ常連客に誘われるまま関係を結び、妊娠してしまったのだ。

不運なことに、相手の男性は既婚者であった。妊娠を知った途端、一切の連絡が取れなくなった。自宅の住所は分かっていたのだが、行動を起こす前に弁護士事務所から連絡が入った。結果、僅かな慰謝料が振り込まれ、順子は全てを失ったのである。

不運は重なるものだ。まずは流産を先頭に、不幸は群れでやってきた。

順子は長年の無理が祟り、脳梗塞で倒れてしまった。一命は取り留めたが、右手が思う通りに動かせない。

これで料理人の道が閉ざされた。それでもなお、オーナーとして店を持つことは可能だ。諦めず、頑張ろうとした矢先、新たな壁が出現した。母親が認知症と診断されたのである。母親は、昼夜を問わず町をうろつく。既に、目の前にいるのが自分の娘だと分かっていない。親戚には邪険にされ、知り合いは一人残らず離れていった。当然、できる仕事は限られてくる。こうして順子は、己の夢に静かな別れを告げた。

上り坂は後ろ向きになると下り坂になる。頑張って登った分、落ちるのも早い。四十二歳にして、順子の人生は底が見えていた。

けれど、その底にはまだ底があった。

母親が徘徊中に川に転落し、緊急搬送されたのである。

発見が早かったおかげで命は取り留めたが、とことん疲弊した順子から生きようとする力は消え失せていた。

増山さんとの最初の面談時、順子は虚ろな目で天井を見つめていた。

笑うことは勿論、泣くことも怒ることもできないようだった。

そんな順子の背後に、黒い塊が立っている。

順子が、自らの人生を他人事のように語るにつれ、黒い塊は人の形を取り始めた。

順子が全て話し終える頃、塊は完璧に黒い人に変わっていた。

塊のときとは明らかに質感も存在感も違う。

増山さんが何か前向きな発言をする度、黒い人は声を上げて笑った。

具体的な提案をすると、黒い人は横から口を挟んでくる。

順子自身には聞こえていないようだ。

「無理無理、そんなのできる訳ない。は？　何でこっちが悪い訳？　あたし、頑張ってきたじゃん」

その声は順子そのものである。しかもこれは今、あたし頑張ってきたじゃんと言った。

増山さんは、唐突に理解した。

ああそうか。相談者の背後についてくる黒い塊は、その人自身の意識なのか。

だから大小とか濃淡があるのだな。

だとしたら、これほど存在感を持つ塊になるのは危険では。

「そうよ。すっごく危険よ」

そう言って、黒い順子はニタリと笑った。

正直なところを言うと、増山さんは担当から降りるつもりだったという。心を読まれながら仕事などできるはずがないからだ。

だが、それは己の職務への誇りを捨てることになる。

黒い順子を消滅させなければ、一生後悔するだろう。増山さんは覚悟を決め、順子との相談を続けた。

止まない雨はないとか、明けない夜はない等という言葉の遊びで、無駄な希望を持たせない。その代わり、できないこととできることをきっちりと伝える。

行政の力は遠慮なくとことん借りる。その為の手助けは間髪を入れず行う。事の大小を問わず、不安材料は徹底的に潰していく。

そういった現実的な対応を積み重ね、増山さんは少しずつ順子に生きてみようという気持ちを植え付けていった。

最初の頃、何に対しても嘲笑を欠かさなかった黒い順子は、次第に黙り込むようになり、それにつれて色も薄くなっていった。

母親の退院日、順子は増山さんの部屋を訪れた。

順子は感謝の言葉を言い終えると、涙をこぼしながら優しい微笑みを見せた。その背後に黒い順子はいない。

ようやく、感情が戻ったのである。


それから二週間後。

増山さんは順子の家に向かっていた。定期的に連絡を入れる約束が、このところ守られていない。

呼び鈴を押し、しばらく待ったが出てきそうにない。

鍵は掛かっておらず、ドアは開いた。家の中は静まり返っている。

何度かの訪問で無礼を詫び、増山さんは上がり込んだ。順子は母親の部屋にいた。

母親の枕元に座り、ぼんやりと身体を揺らしている。

「順子さん。増山です、連絡がなかったもので来てみたんですが」

返事がない。近づこうとして増山さんは気付いた。

母親の顔に蠅が集っている。蠅は母親の鼻の穴や、ぽかんと開いた口の中に出入りしていた。

増山さんは思わず呻いた。その声につられ、順子はゆっくり顔を向けて言った。

「あ。増山さん。いらっしゃい」

母親はどうしたのか訊くと、順子は無表情で答えた。

「一昨日から急に静かになって。そんなに眠いのかなぁ、起きてくれないんですよ」

順子が言い終えた瞬間、消えたはずの黒い順子が現れて言った。

「やっとくたばりやがった。すっきりしたわ」

直後、黒い順子は頭を振りながら言葉を続けた。

「違う、そんなこと思ってない。母さん起きて、置いてかないで」

数日後、順子は首を吊って自らの命を絶った。母親の遺骨を口に含んだまま死んでいたという。

全ての親戚縁者が遺体の引き取りを拒否した為、順子と母親は、二人とも無縁者として葬られた。

増山さんは、一度だけ墓参りに行ったことがある。

無縁者は合祀され、供養碑が墓の代わりであった。すぐ側に黒い順子がいた。項垂《うなだ》れたまま、じっと立ち尽くしていた。

不幸な血

布美子さんは、常にマスクを欠かさない。コロナ禍以前からの習慣だ。今年でかれこれ二十年になる。

理由の一つは、花粉症。布美子さんのアレルギーの原因は複数に及ぶ為、四季を通じてマスクは手放せない。

もう一つの理由が少し変わっている。

布美子さんは、人間の血液の臭いに敏感であった。血液なら、何でもという訳ではない。事故、事件、自殺を問わず、恨みや憎しみを持つ人間が流した血は、独特な臭いがする。何年前のものでも察知できるという。


布美子さんが十歳の頃の出来事に原因がある。

その年の夏、布美子さんは祖母の家で過ごそうと決めていた。

まずは一人旅だ。電車で一時間余りの駅、なおかつ祖母が出迎えてくれる為、何も不安はない。父も母も笑顔で見送ってくれた。

更に笑顔を見せてくれたのは祖母だ。祖母は一人旅を成し遂げた孫をひとしきり褒め称えた。

祖母の家で何をするかは決めていない。両親の手前、宿題は持ってきているが、鞄から出す気もない。それよりも自然と触れあうほうが大切だ。

耳障りの良いスローガンを掲げて、布美子さんは川遊びに一日の大半を費やした。

川といっても幅が二メートル程度、深いところで脛ぐらいのものだ。

それがよく分かっているのか、祖母は川遊びに関しては何も言わなかった。

その代わり、山には絶対に入ってはならないと言われていた。

猪や猿が出るし、崖崩れで道がなくなっている場所もある。特に東側の山道は危ない。

そうまで言われ、布美子さんは俄然興味が湧いてきたという。

女の子のくせにとか、おしとやかにしなさい等の注意が大嫌いだった布美子さんは、祖母に内緒で山へ向かった。

とりあえず麓まで行ってみる。東側の山道はすぐに分かった。山の中腹に、古びた屋根が見える。神社の屋根のようだ。あそこまで往復するぐらいなら大丈夫だろう。

何の根拠もない判断に任せ、布美子さんは足を踏み入れた。

危険だと脅かされたわりに、何も起こりそうにない。あっけなく神社に到着してしまった。

鳥居は壊れたらしく、片隅にまとめて置いてある。社はかなり古く、今にも崩れそうだ。もしかしたら、これを危ないと言ったのかもしれない。

そろそろと近づいてみる。陽光が差し込み、中は丸見えだ。

これといって珍しい物は見当たらないが、奥のほうに大小様々な瓶が並べてある。全ての瓶に、何か黒い液体が入っている。

好奇心に背中を押された布美子さんは、ゆっくりと社に入り、慎重に歩を進めた。

足下の一本を手に取ってみる。やはり何かの液体だ。少し揺らしてみる。瓶の内側を染めた液体は、どう見ても血液であった。

止せば良いのに、布美子さんは瓶の栓を開けようと試みた。コルクの栓は劣化しており、下手に力を入れると崩れてしまいそうだ。

だったらいっそ、細かく崩して中に落とし込めばいいのでは。一旦、外に出て木の枝を拾い、早速試してみた。

とにかく何とかして開けたい。自分でもおかしいぐらい熱心に、コルク栓を突き続ける。努力の甲斐あって、栓は全て中に落ちた。

布美子さんは汗を拭うのも忘れ、瓶をそっと傾け、少しだけ中身をこぼした。粘っこい液体が糸を引いて床に落ちる。

陽の光で確認するまでもない。血液だ。辺り一面に血の臭いが満ちていく。

ここに並べてある瓶の数は十七個。ということは、それだけの量の血液が保管されている訳だ。

好奇心は既に消滅している。ここは変だ。入ってはいけない場所だった。布美子さんは激しく後悔し、逃げ出そうとした。

その途端、足が貼り付いたように動かなくなった。恐る恐る見下ろすと、いつの間にか足下に血溜まりがある。

立ったままの瓶から次々に血が溢れ出し、血溜まりを広げていく。悲鳴を上げながら必死に足を動かそうとするが、どうにもならない。

布美子さんは思い切って靴を脱ぎ棄て、大きく一歩踏み出した。ぎりぎりのところで血溜まりの範囲を抜け出し、布美子さんは裸足のまま山道を走り降りた。

どうにか山を下り、落ち着いて足を調べると、あの血液と思しき赤い跡が点々と付いている。

そのままでは家には帰れそうにない。布美子さんは川で転んだことにして、全身ずぶ濡れで帰宅した。

驚く祖母に本当のことは言えず、転んで靴を流してしまったの一点張りで通したという。

布美子さんが血の臭いに敏感になったのは、それからである。

道を歩いていて、交差点などに差し掛かったとき、刺すような勢いで血の臭いが鼻に飛び込んでくる。

布美子さんが言うところの『不幸な血』である。

臭いの出所に視線を向けると、事故現場らしく花束やお菓子が置いてある。

飛び降り自殺が出たマンションなどは、正確に落ちた位置が分かる。

不幸な血が流れた場所なら、何年前でも臭うという。

大人になって知ったことだが、瓶の血液が分離もせずに保存されていたこと自体が、そもそもおかしいそうだ。

何故そんなことが可能だったのか、あの社が何の為に存在していたのか、祖母を含めた村人達が血液のことを知っていたのか、今となっては何一つ分からない。

先月のこと。

布美子さんは友人の家に遊びに行った。

再婚を切っ掛けに新しく建てた一軒家である。明るい色の外壁が、夫婦の喜びを表しているようだった。

ドアが開いた途端、不幸な血の臭いが溢れ出してきた。

どういうことだ。新築の家で人が死ぬような過去があるのだろうか。

困惑する気持ちを押し隠して笑顔を作り、案内されるまま居間へ向かう。

徐々に臭いは強くなっていく。

「ああ、いらっしゃい。いつも妻がお世話になってます」

ソファーから立ち上がった御主人がにこやかに挨拶をした。不幸な血の臭いの元は、その御主人であった。

今まで、人間から不幸な血が臭ってきたことなどない。そうなる理由は想像もできない。

布美子さんは気もそぞろなまま時間を潰し、早々に友人宅を後にした。


それからしばらくして、風の噂が流れてきた。

友人が、家庭内暴力の被害に遭っているとのことだ。

眼底と鼻骨、それと前歯二本が折れるぐらい激しく殴られ、病院に搬送されたという。

顔認識

美春さんの自宅は、駅から歩いて五分の場所にある。

幼稚園から始めて、小中高、大学と全て徒歩で通学している。社会人になった今も徒歩だ。

十五年以上ずっと同じ道を歩き続けてきた。その間、幾つかの店がなくなったり、マンションが何棟も建ったり、色々と街並みは変わっていった。

頑なに変化を拒む物がある。その一つが電柱だ。これだけは、十五年経っても全く変わらない。常にそこにある。

美春さんの自宅から左へ数えて三本目。その電柱の下に男が立っている。美春さんが物心付く頃には、既に立っていた。

美春さんは、近所の人だと思い込んでいたらしい。七三に分けた髪、黒い服。不思議と顔が思い出せない。

毎回、失礼なぐらいに顔を見つめているのだが、どうしても覚えられない。

特に何か目的があるようには見えない。ただ立って、街行く人を見ているだけだ。

いつもいる人という印象すら抱かなかった。美春さんにとって、男の姿は日常の一コマに過ぎなかった。

その日常が崩れたのは、十二歳の頃だ。それはふとした切っ掛けだった。

友人が遊びに来た際、男が立つ辺りをしきりに気にしたのだ。どうしたのかと　問うと、分からないけど何か怖いと答えた。

今まで無意識に放置していた事実を叩きつけられてしまった訳だ。

私以外の人に、あの男は見えていない。

雨の日に傘も差していない。台風の日もいた。いつも同じ服。けれど裸足。どうしても顔が思い出せない。

それぞれの要素が一つにまとまった。あの男は、この世のものではない。

それが分かったからと言って、美春さんの生活に異変が生じることはなかった。

ただ、やはり気にはなる。何故、そこにいるのか。どうしたら消えるのか。

二つとも根本的な疑問だ。答えが分かれば、全て解決する。

美春さんは、ひとまず近所に訊いて回ることにした。社会科の宿題で、地域の安全について調べている。これが用意した言い訳だ。

調べてみると、平和そうに見える町内にも色々な事故や事件が起きていた。

昔の写真を見せてくれる老人がいた。戦時下の写真とのことだ。若者が出征する風景が撮影されていた。

そこにあの男が写っていた。当時は電柱がなく、何かの商店の店先だ。写真ですら、男の顔は分からない。

目から入ってくる情報を脳が拒否するように思える。

結局、それ以上のことは分からなかった。男に関する疑問が一つ増えただけである。

やらなかったほうが良かったのは確かだった。

美春さんは、改めて男を風景の一部に据えた。いつか、自分はこの街を出ていく。

それで終わりだ。

そう決めた日から十五年が経過した。

相変わらず男は電柱の横に立ち続けている。美春さんは結婚を機に会社を辞めた。

数日後に結婚式を控えたある朝、美春さんは駅前のパン屋に向かった。

通りすがりに電柱の男を確認する。興味がある訳ではない。長年の習慣が成せる業だ。

その朝、初めて男と目が合った。

隅々までしっかりと顔が見えた。

何故、顔を見せたのか理由は分からない。今のところ、何も起こっていない。頻繁に夢に現れるぐらいである。

見える人二題

立石さんの説によると、霊は残留思念である。

死んでから恨みを持って現れるのではなく、意識を失った瞬間の思いが強ければ強いほど明瞭な姿で現れるのだという。

例えば洪水などで御遺体が発見された場合、発見された場所ではなく、意識を失った場所に姿を見せる。

或いはそれまでに積み重ねた思いの量が桁外れに多い場所——殆どの場合、自宅に現れることが多い。

近くにそういった霊がいると、立石さんは嫌な気配を感じるそうだ。

身体に微弱な電気を流されるような、余り嬉しくない気配だ。

この感触が、近くに霊がいる知らせだった。これがあると確実に何かいる。

ただの黒い影のときもあれば、まるでそこに人がいるようなときもある。

何度か繰り返し見るうち、現れる姿の差は、そこに残っている思念の質と残量に比例しているのではと気付いた。

死にたくない、何で私が、あいつを呪ってやる、などの強い思いなら明瞭に長い間残る。

とはいえ、そのような例は稀だ。

大抵の人は仕方ないと諦めるか、痛みや苦しみに気を奪われ、死ぬことが分からない。

だから、立石さんは墓場で霊を見かけたことがない。自宅で行われるお通夜では見るが、葬儀会場にはいない。

それが、町のあちこちに霊がいない理由だと立石さんは考えていた。


そんな立石さんが、小学生の頃の話。

三年生の夏休みのことだ。

立石さんは仲間とともに昆虫採集に来ていた。里山の麓に広がる森は、木の種類が多く、様々な昆虫が集まる場所だった。

一人だと怖くて行けない場所も仲間と一緒なら平気だ。心は森の冒険隊である。怖いものなど何もない。

いつの間にか、昆虫採集そっちのけで、森の奥へと進んでいった。

下手すると猪や猿に遭遇していたかもしれないが、この隊はそんなことを気にしない。

賑やかな笑い声を獣除けにして、一行は更に奥へと進んでいった。

クヌギの木を見つけ、カブトムシを探しているうち、立石さんは嫌な気配に気付いた。

いつものあれだ。まさか、こんな誰も来ないような場所で感じるとは。

これは嫌なものを見てしまうかもしれない。当然ながら、一緒にいる友達には見えない。

いつも通り、自分一人が頑張れば済むことだ。覚悟を決め、立石さんは感覚を集中した。

残念ながら、今歩いている一本道の先にいるのは間違いない。

いた。

これは凄い。こんなのは初めて見た。

道を塞ぐようにして、中年の女性が立っている。そうとしか見えないほど、生々しい霊がそこにいた。

着ている服も髪型も顔も隅々まで見て取れた。恐怖と悔しさに満ちた表情だ。大量に吐血したらしく、口から胸元まで血塗れだった。

仲間達が足を止めた。

「なぁ、ここ何か気味悪くないか」

「うん。何か分からないけど、僕ここから離れたい」

全く霊感がない人達が、ここまで感じ取れるぐらい強力な思念ということだ。

立石さんにも異論はない。全員が踵《きびす》を返し、森の入り口へと急いだ。

それから数年後、立石さんは父とともに、ある一軒の家へ向かっていた。父は雑貨店を営んでおり、立石さんはその見立てを学ぶよう言われていた。

その家の主が作る陶器は、素朴な味わいで評判だという。

現れた男は、陶芸家らしい出で立ちである。父と男が商談をしている間、立石さんは壁に掛けられた写真を見つめていた。

そこに写っている女性に見覚えがある。あのとき、あの森で見た女性だ。顔は勿論、服装まで同じである。

商談を終えた父と男が、立石さんの隣に来て写真を眺めた。

「お綺麗な方ですね」

「妻です。亡くなって随分立つのですが、未だに忘れられなくて」

「ああそれは。失礼なことを言ってしまいました。お悔やみ申し上げます」

「風邪をこじらせたらしくて。寿命だったんだと思います。自宅で看取れたのが幸いでした」

風邪。いや違うでしょ。大量に血を吐く風邪など、あってたまるか。

自宅で死んだはずの奥さん、森の中にいますよ。

思わず声が出そうになり、立石さんは慌てて口を押さえた。

あの女性は間違いなく、あの場所で殺した相手を呪いながら死んでいる。

だからこそ、あれほど生々しく現れたのだ。

父は、その陶芸家の作品をいたく気に入っていたようだが、立石さんは一度も触れなかったそうだ。


これもまた、立石さんから聞いた話。

現在、立石さんは父の跡を継いで、雑貨店を営んでいる。父が仕込んだ見立てのおかげで、地味ながら着実に生き残ってきたそうだ。

誠実な商売のおかげで、同業者からの絶大なる信頼を得ていた。

そのせいか、しばしば相談事を持ち込まれる。ついこの間も、店の移転の相談を受けた。

里中という店主は、立石さんと同じく誠実な商いを営んでいる男だ。今までの店でも十分なのだが、もう少し大きな店にしたいと夢を描いていた。

ある日、極上の物件を見つけた。住宅地に面した場所で、しっかりしたビルとのことだ。

条件が良いわりに、破格の賃貸料である。

今やっている店より遥かに大きくなり、商品のを増やせる。夢の実現の第一歩に相応しい場所に思えた。

　契約する寸前、里中は気になる噂を聞いた。

　そこは瑕疵物件だと言うのだ。人が死んだとか、霊が出るとかではない。

　そのビルは、元々暴力団の事務所だったのである。随分前のことであり、何人か借り手は変わっているから大丈夫とは思うが、組事務所と間違われて事件に巻き込まれる可能性も皆無とは言えない。

　事実、最初に借りた人は、シャッターに銃弾を撃ち込まれたそうだ。

　どうかすると、霊的なものより恐ろしいかもしれない。迷いに迷った挙げ句、里中は立石さんに相談を持ち掛けたのだという。

　実際の現状を見なければ何とも言えない。立石さんは、早速、里中とともにビルへ向かった。

　立地条件としては満点に近い。学生街も近く、並べる商品によっては大量の集客も見込めそうだ。

　ビル自体は何の特徴もない、何処にでもある鉄筋コンクリート造りだ。ただ、やたらしっかりしている。窓も分厚い。

　確かめる必要すらない。ここは明らかに組事務所だ。

とりあえず、ビルの中を調べて回ることにした。

地上三階、地下一階。内装も水回りも綺麗なものだ。物件としてはトップクラスに思える。

地下に降りてみる。地下とは思えない明るい照明の下、血塗れの男が立っていた。

拷問の最中ですと言われたら、ああそうでしょうねと納得できる状態だ。

両腕とともに縛られた胸に、無数の釘が刺さっている。右の手首から先は見当たらない。

左手首は辛うじて繋がっている。

腹部から鉄パイプが生えている。パイプの先端から何かの臓器らしき物が垂れ下がっている。

これは駄目だ。こんなところにお客様が入ってきたら、確実に何か影響を与えてしまう。

自分がそういったものを見てしまうことは、公にしていない。

ただ、このまま黙っている訳にもいかない。これを平気で貸そうとする不動産屋に一言、言わなければ気が収まらない。

里中は、今から不動産屋に向かうという。立石さんも同席することにした。

結論から言うと、不動産屋は暴力団事務所だったことを隠していた事実を認めた。

既に何人かの借り主を経ている為、法律上は告知する義務はないそうだ。

立石さんは冷ややかに睨みつけながら、単刀直入に訊いた。

「あのビルの地下室に血塗れの男が出るとか聞きましたが、殺人事件とかあったんじゃないんですか」

不動産屋は絶句し、慌てて否定した。

確かに、そういった噂は知っている。だが、あのビルで人が死んだなどということは絶対にない。

警察に知り合いがいるのだが、そのような事件は一切ないと言い切っていた。

内装をリフォームする際、妙な物も出てこなかった。これだけは自信を持って言える。

あのビルで人は死んでいない。


ここで立石さんは、幼い頃の陶芸家のことを思い出した。

あの陶芸家は、違う場所で死んだ妻を自宅で看取ったと偽っていた。

今回の男は恐らく死んでいる。それはあの地下室ではない。

何処で死んだのかは分からない。けれど、死んだ場所とは違うところに現れた。

結局、より凄まじい恐怖と苦痛を感じた場所に現れるのかもしれない。

それが立石さんの結論である。

「お互い、死ぬときは安らかに死にたいですよねぇ」

話し終えた立石さんは、穏やかに微笑んだ。

反復飛び降り

栗田さんが暮らすマンションの真向かいに、古いビルがある。

半年程前、そのビルの屋上から女性が飛び降りた。

栗田さんは、日頃からベランダで喫煙していた為、その現場をリアルタイムで見てしまった。

ビルの屋上をふらふら歩く女性を見かけた瞬間、これは飛び降りるかもと思ったそうだ。

マンションとビルは広い道路を挟んでおり、走っていっても間に合わない。声を掛けても届かない。

どうしたら良いか迷う栗田さんの目の前で、女性はあっさりと飛び降りた。まるで、海に飛び込むようだったという。

映画やドラマとは違って何の余韻もなく、あっという間に女性は地面に激突した。

パンという破裂音と、ダンという打撃音が同時に聞こえた。

恐る恐る下を覗くと、有り得ない形に広がった肉体というか、肉の塊が見える。

思わず顔を逸らした瞬間、視野の端で何かが動いた。

反射的に視線を向けた栗田さんは、そこに信じられないものを見た。

女性が起きあがろうとしている。

唖然として見つめる中、女性は歪な形で立ち上がった。足下には肉塊が横たわっている。

それを見ようともせず、ふらふらと歩き出した女性は、数歩進んで消えた。

次の瞬間、女性は屋上に現れ、再び屋上から飛び降りた。自らの肉体に埋もれたが、まるで音はしなかった。

どうなっているのかと見守る中、女性は三度立ち上がり、同じ行動に出た。

自分の肉体が処理された後も、女性は延々と飛び降り続けている。

話には聞いたことがあるが、実際に自分が目撃するとは。

栗田さんは、嫌悪と恐怖と好奇心に捕らわれながら、長々と見続けてしまったという。

半年が過ぎようとしている今も、女性は飛び降り続けている。

さすがに栗田さんも見飽きてしまったのだが、ここに来て興味深い情報が入ってきた。

向かいのビルが解体されるというのだ。

そうなった場合、あの女性はどうするのだろう。俄然、興味が湧いてきた。

新しくビルが建った場合、そこに引っ越しするのだろうか。

ビルの高さが違った場合はどうなる。部屋があれば、窓から飛び降りるかもしれない。
新しいビルのほうが低かったら、空間から飛び降りるのか。
工事区間中は休むのか。休んでる間は何をしているのだろう。
次から次へと妄想が湧いてくる。栗田さんは楽しみで仕方なくなってきた。

いよいよ解体当日がやってきた。
栗田さんは物好きなことに、わざわざ会社を休んで工事を見守った。
始まった。さあどうする。

結果として、新しいビルは建てられず、駐車場になった。
そして女性は、今でも飛び降り続けている。
新しい飛び降り場所は、栗田さんの視界の中だ。
何処であろうと栗田さんが外を見る度、女性が視界の端から飛び降りてくる。
肉塊になり、立ち上がり、歩き出して消える。
無音なのが唯一の救いである。

同一人物

原谷さんの趣味は絵画である。その中でも、鉛筆画を好んで描いている。休日ともなれば、一歩も出歩かずに朝から鉛筆を離さない。

得意なのは人物画だ。出会った人、仕事先の人を思い出しては鉛筆を走らせる。

決して上手くはない。ただの暇つぶしだ。それでも、数を重ねる毎に自然と腕は上がっていく。

原谷さんが絵画を始めた切っ掛けは、少々変わっている。実を言うと原谷さんは、この世のものではない存在を見ることができた。

幼い頃から見えていた為、それが普通だと思っていたそうだ。

見えるほうが少数派だと知ってからは、話題にすることは避けてきた。

その代わりと言っては何だが、原谷さんは自分が見たものを絵で残そうと思ったのである。

これがなかなか難しい。顔すら正確に描けない。

落書き程度のものなら何枚でも描けるが、それではつまらない。

自分に見えるそのままを描きたい。どうすれば良いか思案している頃、原谷さんはSNSで超精密な鉛筆画に出会った。

まるで写真のような描きこみに衝撃を受けたという。これなら望み通りの絵が描けると確信し、独学で描き始めた。まずはひたすら模写に努める。

最初は失敗の連続で、幾度となく諦めかけたのだが、持ち前の熱心さと自分でも知らなかった手先の器用さが、いつしか実を結ぶまでに至った。

何とか満足のいくものが描けるようになり、本来の目的である霊の絵を描き始めた。

まずは、様々な素材を求めて町に出る。小さな地方都市の為、街頭で人が死ぬことは案外少ない。

即死状態の交通事故や、飛び降り自殺の現場に出くわすことなど滅多にない。探して回るだけで何日も要してしまう。

原谷さんが描くのは、そういう不幸な現場に縛りつけられた類ではなく、人に憑いている霊だ。大抵の人は二、三人憑いているという。多ければ五、六人のときもある。それこそが、子供の頃から見慣れた状況だ。

大抵の場合、憑いているのは身内の霊だという。皆、どことなく似たような顔をしている。これならば幾らでもいる。

身内に亡くなった人がいない人間など、この世にいないからだ。原谷さん曰く、どんな人間にも親がおり、親にはまた親がいる。連綿と続く縁の中でも、より深く強く繋がる霊が憑くのではとのことだ。

その中で印象に残る霊をメモに残しておき、帰宅してから絵にする。

技術が上がり、細かい描写もできるようになったせいか、面白くてたまらない。たちまちスケッチブックが一杯になった。

知らない人が見たら、単なる人物画のコレクションに思えるだろう。原谷さん曰く、それほど劇的な姿の霊など滅多にいないらしい。

こうやって過去にいた人を描いていると、何だか自分が人間観察のプロフェッショナルに思えてくる。

原谷さんは更に深くハマっていき、スケッチブックは積み重なっていった。


それは今年の夏に入ってからのこと。

例によって素材を集め、描き始めた原谷さんは妙なことに気付いた。

今描いている男の絵に見覚えがあるのだ。何かを見つめる目、大きく開いた口、今にも掴みかかってきそうな両手。

以前に描いた気がして仕方がない。積み重ねたスケッチブックを一冊ずつ調べていった。上から二冊目のスケッチブックに、寸分違わぬその男の絵があった。右上に覚え書きとして『七月二十七日、駅前にて交通誘導の警備員が背負っていた』と記してある。

完璧に思い出した。その男は、警備員と背中合わせに貼り付き、通りかかる全ての人に敵意を剥き出しにしていたのだ。

今回の絵も似たような状況である。同じ駅前で、某政党のチラシを配っていた女性に憑いていた。

やはり背中合わせに貼り付き、通行人に掴みかかろうとしていたのだ。

恐らく、世間全般に対する怒りを抱いたまま、あの駅前で死んだのだろう。

特に被害はないように思うが、しばらくは近づかないほうがいいかもしれない。

根拠はないが、そんな勘が働いた。

原谷さんは、駅前とは全く逆方向に向かった。国道沿いにある大型スーパーである。

駅前とは異なり、ここは女性や家族連れが多い。以前来たときは、穏やかな顔の霊が多かった印象がある。

殆どの子供が、祖父母らしき霊に見守られている。穏やかな顔は、まるでお地蔵様のようだ。

今日も良いのが描けそうだなと微笑みながら、原谷さんはベンチに座って観察を続けていた。よし、ぼちぼち帰ろうかと腰を上げた瞬間、原谷さんは厭なものを見つけてしまった。

あの男がいる。また背中合わせで貼り付いている。貼り付かれた相手は十歳ぐらいの女の子だ。

母親に手を引かれて歩く女の子は、顔をしかめて辺りを睨みつけている。

背中の男に人格を引っ張られているのではないか。あのままでは、かなり危険なのでは。

強く感じたのだが、注意しようにも上手いやり方が思いつかない。そうこうしているうちに、女の子は店から出ていった。

帰宅後、原谷さんは迷いに迷った。あの男の絵は廃棄したほうが良いだろうか。だが、廃棄するということは存在を認めるということだ。

次は私の背中に貼り付くのではないか。選ぶ基準が分からない以上、小さなリスクでも避けていくべきだ。

散々、思い悩んだ結果、原谷さんはスケッチブックをそのままにした。

それ以降も、あの男は度々見かけた。毎回、違う場所で違う人に憑いていた。

出くわすのが厭なので、原谷さんは必要最低限しか外出しなくなった。
絵は続けている。専ら、静物画を描いているそうだ。

コブラさん

九十年代前半の話。

その当時、世間はバンドブーム真っ盛りである。ファンになるだけでなく、自らバンドを結成する若者達で溢れかえっていた。

平沼さんも、そんな若者の一人であった。大学を卒業したにも拘らず、音楽で飯を食っていこうと決め、バイトとバンドで日々を過ごしていた。

ライブを終え、打ち上げが終わるのは深夜二時か三時。電車は終わっている。タクシーに乗れるような余裕はない。

そんなときは、商店街を抜けた場所にある大きな公園で夜を明かすのが常だった。

夜間、その公園で過ごす為には、一つの関門があった。そこで寝泊まりしている人達への配慮である。

平沼さんは、相手が誰であろうと同じ人間として向き合う男だった。相手がホームレスだという意識すらない。

公園の先住者に対して、間借りする者が頭を下げるのは、彼にとって当然のことであった。

宿泊費として日本酒とスルメを差し出すと、先住者達は穏やかな笑顔を見せてくれた。何度か通ううち、平沼さんは仲間として認められたのである。

先住者の中に、コブラさんと呼ばれる男がいた。年齢不詳、細身で目も細い。着古した革ジャンと元は何色か分からないスラックスを穿いている。

コブラというからには、喧嘩が強いとか、何かヤバい職業に就いていた人かもしれない。

先住者の一人に恐る恐る名前の由来を訊くと、笑って教えてくれた。

「ほら、長い髪が固まってるだろ。先っぽがコブラみたいに見えないか」

言われてみれば確かにそうである。頭から背中に掛けてコブラが垂れ下がっているように見える。

「ちなみに元は学校の先生らしいよ。東北の出身とか言ってたな」

俄然、興味が湧いてきた平沼さんは、思い切ってコブラさんに話しかけてみた。

元教師が本当かどうか分からないが、とにかく話が面白い。平沼さんが出会った人達の中でも随一の知識人であった。

いつの日か生まれ故郷に帰るのがコブラさんの夢だった。

コブラさんは右足が悪く、ゆっくりとしか歩けない。その為、空き缶を集めていてもなかなか数が揃えられない。

仲間が少しずつコブラさん用に空き缶を残してくれるおかげで、何とか帰郷できそうだという。

「歩いて帰れば電車賃要らないんだけどね。大阪から秋田は、ほんの少しだけ遠い。実家の近くに桜の名所があるんだよ。もう一度、あの桜を見たいんだ」

そう言ってコブラさんは穏やかに笑った。


平沼さんは何度目かのオーディションに落ち、ミュージシャンの道を諦めた。アルバイトから正社員への登用を目指し、町を離れる決意を固めた。

最後にもう一度だけ、コブラさんに会っておこうと思い立ち、珍しく素面《しらふ》で夜の公園に向かった。

先住者達の中にコブラさんが見当たらない。先住者達が泣きそうな顔で教えてくれた。

ここ最近、コブラさんはずっと咳き込んでいたが、昨日いきなり血を吐いたそうだ。自分が長くはないと悟ったのか、コブラさんは笑顔で言った。

「途中で倒れてもいい。少しでも故郷に近い場所で死にたい」

行き倒れた町に迷惑を掛けるのは申し訳ないがと言い残し、コブラさんはゆっくりと歩いていったという。

その日から数えて二カ月後、平沼さんは滋賀県内の得意先に向けて社用車を走らせていた。

琵琶湖沿いの道をひたすら進んでいく。彦根を通り過ぎた辺りで、平沼さんの目が歩道に吸い寄せられた。

ゆっくりと歩く男がいる。着古した革ジャン、何色か分からないスラックス、頭から背中に掛けて垂れ下がったコブラのような髪。

間違いない。コブラさんだ。平沼さんは慌てて車から降り、駆け寄った。

近づくにつれ、コブラさんが死んでいることが分かってしまった。平沼さんを追い抜いていった自転車が、まともにコブラさんをすり抜けたのだ。

それでも平沼さんは追いついて声を掛けた。コブラさんは聞こえないようだ。

横に並んで顔を覗き込む。

口元から胸に掛けて、吐血の跡が残っている。呼吸している様子もなく、何よりも体臭がない。

故郷へ歩いて帰るという強い思いが、形になっているように思えた。

立ち尽くす平沼さんを置いて、コブラさんはじりじりと歩いていった。

何カ月、いや何年掛かるか分からないが、到着したそのときに桜が咲いているといいな。

平沼さんは泣きながら、そのことだけを祈ったという。

野口さんの戦い

昨年のこと。野口さんは離婚を切っ掛けに、長年暮らしたマンションを出た。

これからは一人娘の沙羅ちゃんと、母子二人の生活が始まる。

まずは住む家が必要だ。希望は家賃が安く、それでいて環境が良い物件。

ある程度は妥協するつもりで始めた不動産屋巡りは、意外にもあっさりと終わった。

希望通りのアパートが見つかったのだ。駅まで近く、学校や病院も徒歩圏内だ。

瑕疵物件を疑うのが当然だが、不動産屋はその点は大丈夫と太鼓判を押した。

大家さんが野口さんと同じような人生を歩んでおり、母子家庭が優先的に安く借りられるアパートを作ったのだという。

野口さんは己の幸運に感謝し、その日のうちに引っ越しの手配を済ませ、大家さんにも挨拶に行った。

同じアパートの一室で、管理人の役目を担っているらしい。

梅本という女性で、本人曰く還暦近くだが、見た目は五十代そこそこである。バイタリティーの塊のような女性だ。

梅本は、野口さんの身の上話を、涙を流しながら聞いてくれた。沙羅ちゃんの写真を見せると、とろけそうな笑顔を見せた。

部屋も見せてもらったが、日当たりの良い角部屋で、風呂やトイレも最新式だ。内装には凝ってるのよと梅本は胸を張った。

離婚したばかりのときは、これからの生活が不安で仕方なかったが、こうやって応援してくれる人は何処にでもいるのだ。

野口さんは、改めて運命に感謝したという。

引っ越してから数日。

新居の住み心地は最高である。母子家庭優先を掲げてはいるが、現時点では野口家以外に倉田という母子がいるだけだ。

倉田家も一人娘であった。麻里奈ちゃんという可愛らしい子は、たちまち沙羅ちゃんと仲良くなった。

同じ保育園に通う者同士、しかも同じアパート住まいである。母親同士もすぐに打ち解け合えた。

帰りが遅くなる野口さんとは逆に、倉田さんは早朝出勤がある仕事だ。その点でも心強い仲間であった。

沙羅ちゃんも、妹ができたみたいと喜んでいる。二人が無心に遊んでいるところを見ると、仕事の疲れが吹っ飛んだという。

そんなある日、仲良く遊んでいる最中、麻里奈ちゃんがおかしなことを言い出した。

このアパートには、他にも子供がいる。ここで一緒に遊びたいが、沙羅ちゃんのお母さんが許可しないと中に入れない。

要約すると、そのようなことを言っている。

他に子供がいると言っても、見たことがない。部屋数は六しかなく、一度も見かけないなど有り得ない。

そもそも子供がいる家庭がない。独身者と年寄り夫婦だけだ。

野口さんは麻里奈ちゃんに、何処の子なのか訊いてみた。

「わかんない。つれてきてあげてもいいよ。ここであそんでもいい？」

野口さんは思わず頷いてしまった。

二日後、いつものように麻里奈ちゃんがやってきた。何だかいつもより嬉しそうだ。野口さんはおやつの用意に台所へ向かった。

麻里奈ちゃんは早速、沙羅ちゃんの部屋に走っていく。その後を何人もの子供が付いていく足音が聞こえた。

驚いた野口さんは、廊下を覗き込んだ。間違いない。子供のものらしい足跡が沢山付いている。その全てが裸足だ。

そこでようやく、麻里奈ちゃんの言葉を思い出した。ここに住むという子供達を連れてきたのだろうか。

だとすると、おやつが足りなくなる。野口さんは、とりあえず確認しようと部屋に向かった。

やはりそうだ。大勢の声がする。

「沙羅、麻里奈ちゃん。開けるわよ」

ドアを開けた野口さんは、思わず後退った。部屋の中が真っ暗だったからだ。すぐにいつもの日当たりの良い部屋に戻った。

時間にしたら一秒にも満たないが、確かに真っ暗だった。

「おかあさん、おやつは」

スカートの裾を引っ張られ、野口さんは正気に戻った。疲れて眩暈《めまい》を起こしたのかもしれない。そうとしか考えられなかった。

大勢の足音も声もそのせいだ。自分に言い聞かせ、振り返るとそこには無数の足跡が残っていた。


その夜のこと。

野口さんは、ふと目が覚めた。壁の時計は一時三十分、普段なら目覚める時間ではない。もう一度寝直そうと目を閉じた途端、誰かの話し声に気付いた。

一人ではない。複数いる。いずれも幼い子供のような声だ。どうやら台所にいるらしい。

そっと布団を抜け出し、野口さんは恐る恐る台所に向かった。

間違いない。ここにいる。豆電球を点けてあった為、中の様子が見て取れた。

やはり子供だ。その数は――七人。

「やっとはいれたね」

「よかったよかった」

「ここのこ、かわいいよね」

「さら、だっけか。いつにする？」

「まりながおわってから」

「おかあさん、よろこんでくれるかな」

「もちろんだよ、ほめてもらえるよ」

娘の名前が出されたことで、恐怖が何処かへ消えた。野口さんは七人に向かって大声を上げた。

「あんた達、誰よ！　ここで何してる！」

七人が一斉に振り向いた。男の子が四人、女の子が三人。何処にでもいる普通の子供達ばかりだ。そのことが恐怖を呼び戻した。

むしろ、恐ろしげな姿のほうが良かったかもしれない。

もう一度叫ぼうとした瞬間、七人は野口さんを睨みつけながら消えた。野口さんは、震える足で沙羅ちゃんの様子を確かめに走った。

沙羅ちゃんは穏やかな寝息を立てていた。そのときようやく、自分が泣いていることに気付いたという。

結局、野口さんはまんじりともせず朝を迎えた。幸い、その日は休日である。しっかりと朝食を摂り、登園の時間より少し早く家を出た。

倉田さんはいつものように母子ともに元気一杯だ。麻里奈ちゃんに変わった様子はない。

保育園への道すがら、野口さんは思い切って倉田さんに訊いた。

「あのアパートに？　七人の子供が？　何て賑やかな」

予想していた答えが返ってきた。質問を変えてみる。麻里奈ちゃんに、友達を連れてきてもいいかとお願いされなかったか。

俯いて考え込んでいた倉田さんは、しばらくして顔を上げた。

「あった。うん、あったわ。あのアパートに引っ越して十日目ぐらいかな。まだ保育園にも行ってないのに、何処のお友達だろって不思議に思ったのよ」

昨日の七人の顔と会話を思い出し、野口さんは黙り込んでしまった。

「何よー、そんなに気になるんなら、大家さんに訊いとくわ。あれじゃないの、あの大家さんて子供好きだから、アパートが近所の子供らの遊び場所になってんじゃない？」

所々破綻しているが、とりあえず現実的で納得できる理由だ。きっとそうだ。野口さんは、その理由にすがりついた。


それから二日後の朝。

野口さんは、近づいてくる救急車の音で目が覚めた。救急車はこのアパートの前で止まった。

救急隊員は倉田さんの部屋に向かっている。数分後、倉田さんの悲痛な泣き声が聞こえてきた。

「麻里奈、起きて。朝よ、目を開けてよ。ねぇ麻里奈ってば！」

ドアを開けて確認するのが躊躇《ためら》われた。その日、倉田さんは帰ってこなかった。

そして麻里奈ちゃんは、二度と帰ってこられなくなった。

倉田さんは葬儀を終えた後、野口さんに挨拶することなく、いつの間にかアパートを引っ越していた。

急に寂しくなったはずなのに、沙羅ちゃんの様子は全く変わらない。

保育園へ送る途中、嫌な予感と抗いながら、野口さんは沙羅ちゃんに寂しくないか訊ねた。

「さら、さびしくないよ。まりなちゃん、いつもいるし。おともだちもたくさんいるし」

鳥肌が立った。このままでは沙羅が連れていかれる。保育園に沙羅ちゃんを送り届けた野口さんは、大家さんの部屋のドアを叩いた。

現れた大家に、単刀直入に質問をぶつける。

「七人の子供？　何を言ってるの。ねぇ、大丈夫？　頑張りすぎてるんじゃない？」

やはりそうだ。まともに答えるはずがない。おかげで踏ん切りが付いた。野口さんは、その足で不動産屋に向かった。

解約の手続きをしたいと申し出ると、不動産屋は露骨に嫌な顔を見せた。あれほど良い大家さん、他にはいませんよ等と言う。

のらりくらりと煮え切らない態度に、野口さんの中で溜まっていた怒りが噴出した。

あんたら、共謀して何か隠してるだろ。七人の子供って何だ、言ってみろ。あいつら、おかあさん喜んでくれるかなって言ってた。おかあさんて誰のことだ。大家のことじゃないのか。適当なことを言ってると、警察に行くぞ。

大声で一気にまくし立てる。その剣幕に驚いたのか、責任者らしき男が出てきた。男は呆れ顔で野口さんを見つめながら話し出した。

「何と言われましても、当社は存じ上げません。今回の御不幸に関しましても、乳幼児によくある突然死と聞いております。これ以上の揉め事は、むしろ警察に出てきてもらったほうがありがたいですね。ちなみに契約解除をお望みでしたら、いつでも相談に乗りますよ」

根拠も証拠もない感情論が、正論に勝てる訳がない。野口さんは泣き出しそうな気持ちを堪え、不動産屋を後にした。

アパートまで戻り、大家の部屋を睨みつけながら自分の部屋のドアを開けた。

その途端、思わず悲鳴が漏れた。廊下が子供の裸足の痕で埋め尽くされている。窓には小さな手形がびっしりと隙間なく並んでいる。

沙羅ちゃんの部屋のドアが開けられ、室内の玩具が散乱している。

立ち竦む野口さんの背後で、聞き覚えのある声がした。

さらちゃん、はやくかえってこないかなぁ。

ああそうか、麻里奈ちゃんは八人目になったのだ。このままでは沙羅が九人目になる。

野口さんは生活に必要な最低限の物を荷物にまとめ、沙羅ちゃんを迎えに行き、その足で祖母の家に向かった。

突然現れた孫の姿に驚きながらも、祖母は温かく出迎えてくれた。沙羅ちゃんも久しぶりに出会うお婆ちゃんに喜んでいる。

しばらくはここで暮らそう。引っ越しも転職も見通しは立たないが、とにかく生きていかなければ。

沙羅ちゃんの遊ぶ姿を眺めながら、野口さんは奮い立った。

翌朝、野口さんは祖母の声で目が覚めた。

「あれまぁ、何だろかこれは」

どうしたのかと近づいた野口さんは、言葉を失ってへたり込んだ。

廊下が子供の裸足の痕で埋め尽くされていた。

逃げ切れないと悟った野口さんは、思いつく限りの手段を用いて必死に戦ったのだ。
けれどその年、最初の雪が降った朝。沙羅ちゃんは九人目になった。

粉骨砕身

悠子さんは幼い頃から、近所でも評判の美人だった。

小さい子には、余り使わない言葉だが、美人以外に表現できない容姿だった。

外見だけではない。誰にでも優しく穏やかな性格は、そこにいるだけで皆を幸せにした。

笑顔に囲まれて育った悠子さんは、小学、中学とその輝きを増していった。

学校の内外にファンクラブができるほどの存在になったのだが、悠子さん自身はモデルやアイドルなどを目指す気は更々なかった。

当時の悠子さんの夢は、動物のお医者さんである。その為には、どういった道を歩めばいいか真剣に調べていた。

高校生になり、夢は外交官へと変わった。国立大学に現役合格し、その夢の実現は間近だと誰もが期待していたという。

順風満帆だった人生の風向きが変わり始めたのは、この頃だ。

その容姿が害虫を招いたのである。

悠子さんの通う大学には、極悪な害虫だけが集まるサークルが存在していた。

地方議員を父に持つ狂犬のような男を中心とし、女性を喰い散らかす集団である。

狂犬達は、悠子さんに目を付けた。図書館で資料探しに熱中した夜、悠子さんは拉致された。

ここに書けないような暴行を受けた後、路上に放り出され、一時は生死の境をさまよったらしい。

妊娠はしていなかったが、瞬く間に噂は学内に広まり、学生からの憧れの目は好奇の目に変わった。

嫉妬心から陰口を叩いていた連中は、ここぞとばかりに嘲笑し、あることないことを広め回った。

誘ったのはあの子のほうらしいよ。

ああ見えて淫乱だから、男が欠かせないんだってさ。

あたし、歌舞伎町で見たことある。金持ってそうなおっさんと腕組んで歩いてた。

最初、そんな馬鹿なことがあるはずないと反論してくれた友人達も、あまりの数の多さに辟易《へきえき》し、次第に離れていった。

事件から二カ月も経たない間に、悠子さんは尊厳と未来と夢を徹底的に破壊されてしまった。

それでも悠子さんは顔を上げて歩いていこうとした。だが、今までの人生が幸福であればあるほど、不幸に傾いた天秤は元に戻ろうとしない。

実家の両親が上京し、悠子さんは無理矢理故郷へ連れ戻された。悠子さん自身の了承もなく、退学届を出され、半年間軟禁状態が続いた。

その間に、結婚相手が決められていたという。

夫となった男は、高校の同級生である。地元で悪名高い土地成金の息子だ。

傷物だろうと何だろうと構わない、傷なら僕が直してみせるなどと甘言を並べ立て、悠子さんの両親を説得したのだった。

地獄から抜け出そうと必死になっている子供を助けるどころか、この両親は見放したのである。

久しぶりに家の外へ出られたときには、結婚式の日取りが決まっていた。

悠子さんは泣きながら抗議したが、五百万円もの結納金を手にした両親の気持ちを覆すことはできなかった。

言葉を換えれば、悠子さんは五百万円で売られた訳だ。

夫は悠子さんを妻として迎え入れるつもりはなかったようだ。

性処理できる家政婦として雇ったのが丸わかりの新婚生活であった。

当然、義母も悠子さんを人間として扱わない。家事全般を全て任せ、僅かなミスでも感情的に怒鳴りつける。

そのくせ、自分自身は何もやろうとしない。それまで人を雇っていた義父の介護も、悠子さん一人に任せるようになった。

認知症が進んだ義父は、排泄自体を理解できなくなっており、大小便の始末も全て悠子さんが行う。

少しでも手際が悪いと、大便を投げつけられる。そこまで問題行動がありながら、更に性的欲求も露骨に出してくる。

このような地獄の中でも悠子さんは妊娠した。

次第に大きくなる腹部をかばいながら、悠子さんは家事をこなした。

出産を間近に控えても、誰も家事を手伝おうとはしてくれない。破水したのは夕食の支度中である。

夫は舌打ちし、携帯電話を投げつけてきた。義母は出前を取ろうか、外食に出ようかと悩んでいる。

悠子さんは自分でタクシーを呼び、嫌がる運転手に頭を下げ、産院まで運んでもらった。

たった一人で出産し、必要な物を産院の職員に頼んで購入してきてもらう。退院したときもたった一人であった。

夫も義母も、生まれた子を可愛がろうとはしなかった。それどころか、赤ん坊が泣く度に静かにさせろと怒鳴り、暴力を振るおうとする為、悠子さんは家の外に連れ出すしか方法がなかった。

家事、育児、介護を一人で回す日々が続き、悠子さんはいつしか感情を失っていたという。

ある日のこと。煙草を切らした夫に命令され、悠子さんはコンビニエンスストアに走った。購入して店を出ようとしたとき、雑誌コーナーが目に入った。可愛らしいモデルが表紙の雑誌が並んでいる。片隅の文庫本の棚に異様な表紙の本があった。どことなく、自分に似ている女性の顔が描かれた本だ。惹かれるように手に取る。それは実話怪談の本であった。

訳の分からない衝動に駆られ、悠子さんはその本を買い求めた。

夜泣きする我が子を外であやしながら、少しずつ読み進めていく。不幸な人達の絶望的な話ばかりである。

その中に、死ぬのを覚悟で呪いを掛ける女性の話があった。その女性が友達のような気がした。何度も繰り返しすり切れるほど読み、その作家の他の本も全て集めた。地獄の中で見つけた僅かな救いだったという。

秋の気配が濃厚になってきたある日、夫は義母を連れて温泉に出かけた。残された悠子さんは、その日も義父の排便と格闘していた。風呂場に行き、シャワーを浴びている最中、赤ん坊が泣き始めた。慌てて部屋に行き、授乳を始めた。

オムツも替えなければならなくなり、鞄を探るうち、ふと思い出したことがあった。この家に来るとき、高校生時代の写真を一枚だけ、大切に持ってきたのだ。見つかったら破られるかもしれない。家族が絶対に見ない、それどころか触れようともしないもの――母子手帳に隠しておいた。

取り出した写真には、希望に満ちた笑顔の自分がいた。何もかも素敵で、どんな夢でも実現すると信じていた毎日が写っていた。

余りにも眩しくて写真から目を逸らすと、鏡に映った自分の顔が見えた。輝くような笑顔の少女は、皺だらけの老婆になっていた。

「何よ。何なのよ、これは」

怒鳴ることすらできず、ぼそぼそと呟く。もう一度、写真と現在の自分を見比べ、悠子さんは現状を全て認めた。

授乳しながら、悠子さんは声を上げて泣いた。泣きながら絶望した。ようやく感情を取り戻した瞬間、その心が粉々に壊れたのである。

もう、死ぬ以外の選択肢はなかった。

どうやって死のうか考えるうち、実話怪談のあの話が脳裏に浮かび上がった。

そうか。どうせ死ぬのなら、命を材料にしてあいつらを道連れにしよう。

とはいえ、方法が分からない。本にはそこまで詳しく書いていない。

そもそも呪いに使える時間や体力がない。悠子さんは、試みに自分の髪の毛を義父の枕に埋め込み、介護の度に死を願った。

幸か不幸か、その思いが通じたのである。苦しみ抜いて死ねと望んだ通りの死に様だった。

これはいける。これこそが今の私の夢だ。

結婚してから初めて、悠子さんは微笑んだ。

相変わらず地獄は続いているが、呪う手段を考えていると時間が早く過ぎる。

髪の毛だけではなく、爪も入れたらどうか。血液も良いのだろう。思いつく限りの材料を使ってみる。

義母に癌が発見されたのは、手首を切って採取した血を使った直後だ。

もっと良い材料はないか。爪や髪の毛は再生が効く。どちらも身体の外側にあるものだ。

血液も外に流れ出したものを使った。それではまだ甘いのだ。

ならば、身体の中にあるものはどうだろうか。

でもどうやって取り出す。無傷で取り出せるものはないか。ひとつ、思いついた。

へその緒である。

へその緒にありったけの思いを込め、悠子さんは自分の両親を呪った。

毎日欠かさず続けた結果、悠子さんの両親は夫婦仲良く首を吊って死んだ。

これは効く。効果絶大だ。やはり、内臓は良い。次はどうしよう。

まだ呪いたい相手は沢山いる。夫、義母、大学の狂犬達、その関係者、私を蔑んだ奴ら。

それら全部を賄えるだけの臓器を使うなら、やはり死ぬしかないのだろう。

結論が出た。悠子さんは、それまでの人生を誰かに話しておきたくなった。

どうせなら、夢を取り戻させてくれた怪談を書いた人に伝えておきたい。

そう決めたのだという。

今もなお、悠子さんは生きている。

残念ながら、赤ちゃんは死んだそうだ。その後、赤ちゃんの後を追うように、夫も義母も亡くなった。

呪いたい相手はまだ残っている。

とりあえず、妊娠するところから始めるのだという。

予言、全て的中

小倉さんの娘、希美ちゃんの話。

希美ちゃんは、幼い頃から風邪一つ引かない元気な子で、いつも小学校の校庭を走り回っていた。

元気すぎる行動は、思わぬ不幸を招くこともある。ある日のこと、希美ちゃんは桜の木から落ちてしまった。

所々引っかかりながら落ちたおかげで、頭は打ったものの大きな怪我や傷はない。万が一を考えて病院に搬送されたが、幸いにも異常は見られず、希美ちゃんは無事に退院した。

ところがこの日を境に、希美ちゃんは妙なことを言うようになった。

最初に気付いたのは母親の貴子さんである。二人で買い物をしていたときのことだ。

帰宅途中、希美ちゃんがデパート前の広場で立ち止まった。どうしたのか訊くと、希美ちゃんは目を輝かせて言った。

「もうすぐここで風船を配るよ」

辺りを見回しても、そのような告知は見当たらない。帰ろうと促したが、もうすぐだからと言い張る。

そうこうしているうちに、軽快な音楽が聞こえてきた。店内からピエロが出てきて、風船で色々なものを作り始めた。

どうやら大道芸のイベントらしい。直前まで秘密にしておいて、客を喜ばせる演出だろう。

希美ちゃんは風船で作った犬を貰って御満悦である。どうして知っていたのかと訊くと、頭に浮かんだという。

「おやおや、うちの子は超能力者になったのね」

そう言って笑えるうちは良かった。希美ちゃんの予言は、数を重ねる毎に精度を上げていった。

笑い話で済まないレベルに達してきたのである。

三坂さんのお家、火事になるよ。あっちゃん家《ち》のワンちゃん、明日死んじゃうよ。

予言するのは不幸ばかりである。しかも全て的中した。

何故、不幸なことしか言わないのか訊くと、希美ちゃんは大人びた口調で答えた。

「だって、そっちのほうが多いから」

このままではいけない。そもそも、こういったことができるようになったのは、頭部打撲からだ。何かしらの障害が起こっている可能性がある。

もう一度、しっかりと精密検査を受けるべきではないだろうか。夫婦の相談は続いたが、いざとなると踏ん切りが付かなかった。

そんなある日のこと、小倉さんは偶然、高校時代の親友である松田さんに出会った。久しぶりの再会を喜び、互いの近況を報告し、近いうちの食事を約束して別れた。

その直後のことである。希美ちゃんがしっかりした声で、こう言った。

「あの人、凄く泣くよ。子供が死ぬの。かわいそう」

聞いた瞬間、妙な言い方だが小倉さんはほっとしたという。何故なら、松田さんは子供どころか結婚すらしていなかったからだ。

一週間後、松田さんからメールが届いた。結婚前提で交際していた人と別れたという。その人との子供を流産したのが切っ掛けであった。

読み終えた小倉さんは思わず、声を上げて泣いてしまった。希美ちゃんは、母親のそのような姿に何か感じ取ったらしく、その日を境に予言が少なくなっていった。徐々に見えなくなってきたらしい。